まえがき

2023年の秋季試験をもって56回目を迎える実用イタリア語検定(2022年はコロナ禍によりオンライン開催)は，国内のイタリア語学習者の間にすっかり定着し，その実力を計るスタンダードになったといってもいいかもしれない。この数年の記録を見ると，5級から1級の志願者総数は，年間およそ3500～4000人の間で推移している。これは，英・仏・独・西・中といった，いわゆる「メジャー語学」と比較した場合の，イタリア語の学習機会の少なさを考慮すれば，かなりの安定した数字である。さらに，各級の志願者数の内訳を見ると，最も多いのは4級であるが，その次に来るのは3級なのである。

これは，最近のイタリア語学習者の意識と継続性の高さ，つまり初級で投げ出すことなく，中級，上級へと進み，さらには現地で実践するなど，各自が実用の範囲を広げていることを表している。このような流れの中で，我々は先に「4・5級突破単語集」をまとめたのであるが，先述の数字が示す通り，実際そこで合格した方の中には，それに満足することなく上を目指す方がかなりいて，3級突破のためのアイテムを求める声が少なからず私たちの元へも届いていた。

今回，3級突破の単語集をまとめるに当たって，最も心がけたのは語彙のレベルアップである。4・5級の範囲を超えた新たな語彙を取り入れるのはもちろん，4・5級でも採用されているが，3級では文脈上意味の取り方が難しくなって出題されている単語が相当数見受けられた。たとえば，investireという動詞は，「衝突する」と「投資する」という，一見かかわりのない意味が同居しており，それらは用いられる内容によって理解し分けなければならない。こうしたものは，両方の意味での例文を提示して比較しやすいように配慮した。このように本書では，「見出し語」にかかわる「例文」を，過去の出題に沿って充実させている。さらに，出題頻度の高い単語には同意語，反意語などの「関連語」をできる限り掲載して，効率よく暗記できるように配慮した。また，普通の会話教室などではお目にかからないような，特殊で専門的な語彙も出題に紛れている。こうしたものも覚えていれば合格への足がかりとなるため，巻末には「ジャンル別」にまとめた単語リストを用意し，熟語・成句表現も加えた。こうした工夫が，皆様の合格への一助となれば幸いである。

最後に，今回の編纂に当たっては，一ノ瀬俊和先生に監修として，陣頭指揮を取っていただいた。校閲には長年，日本でのイタリア語教育に携わっているアルダ・ナンニーニ先生にご尽力いただき，例文や用法の細かな点にまで目を配っていただいた。また，本書の編集と構成においては，三修社の菊池暁さんに全面的にお世話になり，我々の遅々とした執筆を粘り強く見守っていただいた。ご尽力いただいたすべての方に感謝を申し上げたい。

京藤好男

●音声ダウンロード・ストリーミング

1. PC・スマートフォンで本書の音声ページにアクセスします．

https://www.sanshusha.co.jp/np/onsei/isbn/9784384060690/

2. シリアルコード「06069」を入力．
3. 音声ダウンロード・ストリーミングをご利用いただけます．

もくじ

動詞

a　　001

□ **abbaiare** 吠える，わめく

Poco fa abbiamo sentito abbaiare un cane.
さっき私たちは犬が吠えるのを聞きました。

□ **abbandonare** 見捨てる，放置する

Quelle biciclette sono abbandonate là da quattro giorni.
あれらの自転車は，4日前からあそこに放置されています。

□ **abbassare** 下げる，低くする

Ragazzi, per favore, abbassate il volume dello stereo.
君たち，頼むからステレオのボリュームを下げてくれ。

□ **abbracciare** 抱きしめる，抱擁する

Pietro mi ha salutato abbracciandomi.
ピエトロは私を抱きしめて，別れを言いました。

□ **abbracciarsi** （相互的）抱き合う

Quando si sono incontrati all'aeroporto, si sono abbracciati piangendo.
彼らは空港で会うと，泣いて抱き合いました。

□ **abituarsi** 慣れる（a …; a+不定詞） 関連 **abituare** 慣らす

Teresa si è abituata subito alla vita giapponese.
テレーザはすぐに日本の生活になじみました。

Non mi sono ancora abituato a usare l'autobus a Roma.
僕はまだローマのバスに乗り慣れていません。

□ **accogliere** （よろこんで）受け入れる，歓待する 過分 **accolto**

Abbiamo accolto la sua proposta di organizzare una cena per conoscere gli studenti stranieri che studiano in questa scuola.
私たちは，この学校で学ぶ外国人学生と知り合うために夕食会を催すという彼の提案をよろこんで受け入れました。

□ **accomodarsi** くつろぐ，楽にする，腰かける
関連 **accomodare** 修繕する，整える

I signori Bruni si sono accomodati al tavolo che avevano prenotato.
ブルーニさん夫妻は，予約をしておいた（レストランの）テーブルにつきました。

Accomodati.（友人に）座って。
Si accomodi.（目上の人に）お座りください。

□ **accorciare** 短くする，縮める 関連 **scorciare** 短くする

Questi pantaloni mi piacciono molto, ma sono troppo lunghi, si possono accorciare?
このパンツ（ズボン）がとても気に入っているのですが，私には長すぎます。短くできますか？

□ **accorgersi** 気づく（di ...） 過分 **accorto**

Non mi sono accorto dell'e-mail che mi avevi mandato.
君が送ってくれたEメールに気づかなかったよ。

◇再帰動詞の多くは，再帰代名詞を伴わない一般の動詞としての用法ももちますが（例：alzarsi 再「起きる」，alzare 他「起こす」），このaccorgersiのように，常に再帰代名詞を伴う形しかもたないものがあります（他にpentirsi「悔やむ」，vergognarsi「恥じる」など）。これらは「代名動詞」ともいわれ，文法的には区別されることもありますが，活用は再帰動詞と同じです。

□ **accostare** 近づける，（横に）並べる

Il gondoliere ha accostato la gondola alla riva.

ゴンドラ漕ぎはゴンドラを岸に着けました。

□ **accostarsi** 近づく，接近する

I turisti si sono accostati alla guida.
観光客たちはガイドに近寄りました。

□ **accumulare** 積み重ねる，蓄える

Usando spesso l'aereo, possiamo accumulare miglia ed ottenere un biglietto gratuito.
飛行機をよく使えば，マイルがたまって，無料のチケットがもらえます。

□ **accusare** 非難する，訴える，告発する，(内面的なものを)表す

L'espressione del suo volto accusava una grande stanchezza.
彼の表情で，彼がひどく疲れているのがわかりました。

Quel ragazzo è stato accusato di furto.
その少年は窃盗罪に問われました。

□ **acquistare** 買う，購入する，獲得する

Abbiamo acquistato una villa in campagna.
私たちは田舎に別荘を購入しました。

□ **adattarsi** 適応する，順応する，慣れる（a ...）
関連 **adattare** 適合させる

Sono uno che si adatta facilmente alle nuove situazioni.
僕は新しい状況に容易に合わせていける人間だ。

□ **addormentarsi** 眠る，寝つく 関連 **addormentare** 眠らせる

La bambina ha giocato tutto il giorno ed era così stanca che si è addormentata subito.
その女の子は一日中遊んで，たいへん疲れたので，すぐに寝てしまいました。

□ **adottare** 養子にする，帰化する，採用する

I coniugi Soriani hanno adottato due bambini.
ソリアーニ夫妻は２人の子供を養子にしました。

È meglio adottare un altro sistema per arrivare a una soluzione.
解決に至るには，別の方法を採ったほうがよいです。

□ **affidare** 任す，託す

Ho affidato a mia madre la cura dei bambini.
私は母に子守りを頼みました。

□ **affittare** 貸す，借りる

Gli ho affittato questa casa a 1.000 euro al mese.
私は彼らにこの家を月 1000 ユーロで貸しました。

◇「賃貸する」を dare in affitto，「賃借する」を prendere in affitto とも表す。

□ **aggiustare** 修理する，直す，調整する

Simone mi ha aggiustato la bicicletta.
シモーネは私の自転車を直してくれました。

□ **agire** 行動する，ふるまう

Bisogna agire con molta prudenza, perché si tratta di una situazione delicata.
微妙な状況なので，とても慎重に動かなければなりません。

□ **agitare** 揺さぶる，かき乱す，煽動する

È meglio agitare bene la bottiglia prima di bere.
飲む前にびんをよく振ったほうがいいです。

□ **allungare** 長くする，伸ばす，延期(延長)する

Passare di qua non ci conviene: allunghiamo la strada e

troviamo più traffico.
この道を通るのはまずいよ。道のりが長くなるし，さらにひどい渋滞にはまってしまう。

□ **ammirare** 賞賛する，感心する，ほれぼれと見とれる

Dalle camere che danno sul mare si può ammirare uno splendido panorama.
海に面した部屋からは，すばらしい景色を堪能することができます。

□ **andarsene** 立ち去る，帰る

Alle sei smettiamo di lavorare e ce ne andiamo.
6時になったら仕事をやめて，さっさと帰りましょう。

◇自動詞 andare に -sene という複合形の代名詞が付いた再帰動詞的用法です（他に starsene「じっとしている」など）。再帰代名詞に相当する se（si の変化した形）は主語に応じて me, te, se, ce, ve, se と変化し，小詞 ne は変化せずに伴われます。意味は元の自動詞の意味を強調したり，ニュアンスを付与することです。

□ **annoiare** 退屈させる

Il discorso di quel politico ha finito per annoiare gli ascoltatori, senza presentare nessuna idea.
その政治家の演説は何の見解も示すことなく，結局聴衆を退屈させただけでした。

□ **annoiarsi** （～に）退屈する，あきあきする（a …）/（～に）くたびれる，嫌気がさす（di …）

Ci annoiamo a stare a casa e a guardare sempre la tv.
私たちは家にいて，テレビばかり見ているのに退屈しています。

□ **apparecchiare** （食卓の）準備をする

Bambini, la cena è quasi pronta: aiutatemi ad apparecchiare la tavola.

みんな，もうすぐ夕食の準備ができるわよ。食卓の準備をするのを手伝って。

☐ **apparire** 現れる，姿をみせる / ～に思われる，～に見える
過分 **apparso** 関連 **scomparire** 消える

Sul suo viso è apparsa un'espressione di sconforto.
失望の色が彼の顔に浮かびました。

Quel signore appare più giovane di quanto sia.
あの人は年より若く見えます。

☐ **appartenere** (～の)所有である，(～に)所属する(a …)
過分 **appartenuto**

La Corsica appartiene alla Francia.
コルシカ島はフランス領です。

Apparteniamo al sindacato dei lavoratori.
私たちは労働組合に入っています。

☐ **appoggiare** もたせかける，置く(su …)，立てかける(a …) / もたれる

Per salire sul tetto ho appoggiato una scala a un muro.
屋根に上ろうとして，私ははしごを壁に立てかけました。

☐ **asciugare** 乾かす，(布などで)拭く

Prima lavate i piatti e poi asciugateli bene con uno strofinaccio.
まず皿を洗い，それからふきんでよく拭いてください。

☐ **assomigliare** ～に似ている(a …)

La figlia assomiglia molto alla madre.
娘は母親にとても似ています。

☐ **assommare** （多くの性質を）合わせ持つ，合計する

La signora Vizzi assomma in sé bellezza e intelligenza.
ヴィッツィさんは美と知性を合わせ持っていらっしゃいます。

☐ **assumere** 引き受ける，取り入れる，摂取する，採用する
過分 **assunto**

Hanno assunto la gestione della società l'anno scorso.
彼らは昨年会社の経営を引き受けました。

È stata assunta come segretaria.
彼女は秘書として雇われました。

Per una alimentazione equilibrata, è opportuno assumere meno carne e più legumi o pesce.
バランスよく栄養をとるには，肉食を少なくして，豆類や魚を多くするほうがよいです。

☐ **attaccare** （ひもなどで）しばる，取り付ける，貼り付ける

Abbiamo attaccato alcuni quadri in salotto.
私たちは客間に数枚の絵を取り付けました。

Giulietta ha attaccato un bottone alla giacca di suo marito.
ジュリエッタは夫のジャケットにボタンを縫い付けました。

☐ **attraversare** 横切る，渡る 関連 **traversare** 横切る，渡る

Vada diritto e in fondo c'è una piccola piazza. La attraversi e continui ancora diritto.
まっすぐ行ってください，すると突き当たりに小さな広場があります。それを横切り，さらにまっすぐ進んでください。

☐ **aumentare** 増やす / 増える 関連 **diminuire** 減らす / 減る

Si dice che fra qualche mese il prezzo della benzina aumenterà di nuovo.
数カ月後にはまたガソリン代が上がるそうだ。

□ **avvenire** 起こる，発生する，降りかかる [過分] **avvenuto**

Molti incidenti avvengono fra le mura domestiche.
多くの事故が家庭で起きています。

La disgrazia è avvenuta domenica scorsa in montagna.
先週の日曜日，山間部で災難が起きました。

□ **avvicinarsi** 近づく（a ...） [関連] **avvicinare** 近づける
allontanarsi 遠ざかる（da ...）

Mi ha fatto cenno di avvicinarmi.
彼は私に近くに寄るよう合図をしました。

□ **avvisare** 知らせる，通知する [関連] **avvertire** 通告する

Vi avvisiamo che domani non sarà possibile utilizzare l'ascensore per riparazioni.
明日は修理のためエレベーターが使えないことをお知らせします。

b 002

□ **battere** たたく，ぶつける / （相手を）負かす，（記録などを）破る

Il bambino ha battuto la testa contro la tavola e si è messo a piangere.
その子は食卓に頭をぶつけて，泣き出してしまいました。

L'Inter ha battuto il Real Madrid per 2 a 1.
インテルがレアル・マドリードを２対１で破りました。

□ **bloccare** ふさぐ，遮断する，阻止する

I manifestanti hanno bloccato il centro.
デモの参加者たちは中心街を封鎖しました。

□ **bloccarsi** （機械，言葉や思考などが）突然に停止する

Il mio computer si è bloccato improvvisamente.
私のパソコンが突然フリーズしてしまいました。

□ **brillare** 輝く，きらめく

Gli occhi le brillavano di gioia.
彼女の目はよろこびで輝いていました。

□ **bruciare** 燃やす / 燃える

Prendere il caffè dopo i pasti aiuta la digestione e brucia i grassi.
食後にコーヒーを飲むことは，消化を助け，脂肪を燃焼させます。

□ **bruciarsi** やけどする

Mi sono bruciata le dita con la padella calda.
私は熱いフライパンで指をやけどしてしまいました。

C ································· 003

□ **calare** （徐々に）下がる，落ちる / （ゆっくり）下ろす

Dopo una certa età è normale che la vista cali.
ある年齢を過ぎると，視力が落ちるのは普通のことです。

□ **cancellare** 消す，取り消す，キャンセルする

A causa della neve molti voli sono stati cancellati.
雪のために，多くの便が欠航になりました。

□ **cascare** （突然に）落ちる，倒れる

Quando c'è stato il terremoto, l'orologio è cascato dalla parete e si è rotto.
地震があったとき，時計が壁から落ちて，壊れてしまいました。

☐ **causare** 原因となる，引き起こす

Questa situazione ha causato una serie di problemi molto complessi.

この状況が一連の問題をたいへんわかりにくくしました。

☐ **cavarsela** 困難を切り抜ける，なんとかやっていく

Non va né bene né male: me la cavo.

うまくも行ってないし，悪くもありません。どうにかやっています。

All'esame me la sono cavata.

私は試験になんとか合格しました。

◇cavare の成句的用法。複合形の代名詞 -sela が付いており，再帰代名詞の役割を果たす se（si の変化した形）は主語に応じて me, te, se, ce, ve, se と変化し，la は常に無変化で伴われます。

☐ **celebrare** 祝う，（儀式などを）執り行う

I genitori di Luca in giugno celebreranno le nozze d'oro.

ルーカの両親は 6 月に金婚式を祝います。

☐ **colpire** 打つ，たたく，当たる

Il tiro dell'attaccante era stato eccellente, ma la palla ha colpito la traversa.

フォワードの選手のシュートはすばらしかったが，ボールはクロスバーに当たってしまいました。

☐ **combattere** 戦う，奮闘する

Per combattere le malattie da raffreddore, è utile assumere della vitamina A.

風邪からくる病気と戦うのに，ビタミン A の摂取が役立ちます。

I giornali di questi giorni presentano le misure adottate per combattere la recessione.

最近の新聞は不景気に対抗するために取られた措置を紹介しています。

☐ **combinare** 組み合わせる，調和させる，（あまり良くないことを）しでかす

Combinando ingredienti poveri è possibile preparare piatti squisiti.
安い材料を組み合わせて，おいしい料理を作ることも可能です。

Giovanni, che cosa hai combinato con il bucato? Ti avevo detto di non lavare insieme la camicia rossa e quella bianca.
ジョヴァンニ，あなた洗濯物で何をしでかしたの？　この赤いシャツと白いのは一緒に洗わないように言ったわよ。

☐ **commentare** 論評する，解説する，コメントする

I cronisti e gli specialisti hanno commentato la faccenda, ma rimangono ancora molti dubbi.
記者や専門家たちがその事件を解説しましたが，まだ多くの疑問が残っています。

☐ **commettere** （罪や過ちを）犯す 過分 **commesso**

Quel ragazzo dovrebbe scontare gli errori che ha commesso.
あの少年は犯した過ちを自分で償うべきでしょう。

☐ **comporre** 作る，組み立てる / （～を）構成する（di ...）
過分 **composto**

Lo scrittore, che si era trasferito in questo paesino nell'infanzia, ha composto molte opere ispirandosi alla vita della gente di qui.
その作家は，幼い頃この小さな町へ移ってきました。そして，ここに暮らす人々をよく観察し，多くの作品をものしました。

Questo appartamento si compone di tre camere, cucina e servizi.
このアパートは３つの寝室とキッチン，バス・トイレからなっています。

□ **comportarsi** ふるまう，行動する 関連 **comportare** もたらす

Diego si comporta sempre in modo molto corretto.
ディエゴはいつもとても行儀よくふるまっています。

□ **comprendere** 含む，理解する 過分 **compreso**

Non riesco ancora a comprendere del tutto la situazione.
私はまだ事情がはっきりとつかめていません。

□ **comunicare** 伝える，知らせる / 連絡を取る

Il signor Berti ci ha comunicato che, a causa dello sciopero dei dipendenti delle compagnie aeree, non riuscirà ad arrivare entro oggi.
ベルティさんが，航空会社の職員のストライキのために，今日中には到着できないだろうと知らせてきました。

Con Ernesto comunico sempre via e-mail.
私はエルネストとはいつもメールで連絡を取っています。

□ **concludere** まとめあげる，終える，結論づける 過分 **concluso**

Al termine della discussione, abbiamo concluso che non potevamo accogliere la proposta.
議論したあとで，私たちはその提案を受け入れることはできないと結論づけました。

□ **confermare** 確認する

Potresti telefonare al signor Cervi per confermare la data di arrivo?
チェルヴィさんに電話して，到着の日時を確認してくれますか？

□ **confinare** ～と隣接する，～と境を接する（con ...）

L’Italia confina a Nord Ovest con la Francia, a Nord con la Svizzera e a Nord Est con l’Austria e la Slovenia.

イタリアは北西部でフランス，北部でスイス，北東部でオーストリアやスロヴェニアと国境を接しています。

□ **confondere** 混ぜ合わせる / 混同する，取り違える（con ...）
過分 **confuso**

Mi ha confuso con mia sorella.
彼は私と妹を間違えました。

□ **considerare** よく考える，～と見なす

Tutti lo considerano un vero genio.
誰もが彼を真の天才と見なしています。

□ **consigliare** すすめる，（～するよう）助言する（di+不定詞）

Che cosa mi consiglia per primo?
一皿目は，何がおすすめですか？

Il dentista ha consigliato al ragazzo di lavarsi i denti almeno tre volte al giorno.
歯医者は男の子に少なくとも１日に３回歯をみがくように言いました。

□ **consultare** 相談する，（文書などを）調べる，（辞書などを）引く

Ho consultato il vocabolario per controllare questo termine, però non l'ho trovato.
私はこの用語を調べようと辞書を引きましたが，見つかりませんでした。

□ **contemplare** 凝視する，眺める

In autunno, in Giappone abbiamo l'abitudine di contemplare il chiaro di luna.
日本では秋に月明かりを眺める風習があります。

□ **controllare** 点検する，チェックする，調べる

Il meccanico sta controllando la mia macchina.
整備士が私の車を点検しているところです。

□ **convenire** 好都合である，(非人称的用法) ～しなければならない，～すべきである [過分] **convenuto**

Ti conviene andare dal dottore e farti visitare.
とにかく君は医者に行き，診てもらったほうがいい。

Non conviene che lei resti da sola.
彼女が一人で残るのはまずいよ。

◇convenire の非人称的用法は，「もの・こと」を文法上の主語にとり，事実上の主語は間接目的語（代名詞）で表します。主語を che 節でとる場合，接続法を用います。

□ **coprire** 覆う，包む，ふたをする [過分] **coperto**

Quando è cominciato a piovere, ha coperto la bici con un telo di plastica.
雨が降りだすと，彼は自転車をビニールシートで覆いました。

Il ladro aveva una sciarpa che gli copriva la faccia.
泥棒は顔を覆うマフラーをしていました。

□ **coprirsi** (衣服を)着込む，(身を)くるむ

Sul belvedere tirava un vento forte e Silvia si è coperta il capo con un foulard.
展望台では風が強く，シルヴィアはスカーフで頭を覆いました。

□ **costringere** 無理に～させる，～するよう強いる（a+不定詞） [過分] **costretto**

Il temporale ci ha costretto a restare a casa.
嵐で私たちは家にとどまらざるを得ませんでした。

È stato costretto a spedire il pacco via aerea, nonostante che fosse molto caro.
彼は，たいへん料金が高いのに，その小包を航空便で送るはめになりま

した。

☐ **costruire** 建てる，建設する

Stanno costruendo un palazzo di sei piani con venti appartamenti.
6階建てで総戸数20戸のマンションを建設中です。

☐ **crescere** 成長する，育つ / 育てる

Elena è nata a Pavia ed è cresciuta a Milano.
エレナはパヴィーア生まれで，ミラノ育ちです。

d 004

☐ **darsi** 没頭する，専念する（a ...） / （darsi da fare）骨惜しみしない，懸命にがんばる，尽力する / （非人称的用法：può darsi che ＋接続法）～かもしれない

Ho deciso di darmi alla pittura amatoriale per divertirmi e rilassarmi.
私は楽しみと気休めのために，アマチュアとして絵画に没頭しようと決めました。

Mi sono dato tanto da fare per aiutarli, ma è stato inutile.
私は彼らを助けようと手を尽くしましたが，むだでした。

Può darsi che domani piova.
明日は雨が降りそうです。

☐ **dedicare** 捧げる，献上する

Quel professore ha dedicato metà della sua vita alla ricerca sul cancro.
その教授は癌の研究に半生を捧げました。

☐ **dedicarsi** 専念する，打ち込む，夢中になる（a ...）

Ho lasciato il lavoro per dedicarmi alla casa e alla famiglia.
家事と家族に専念するため，私は仕事を辞めました。

☐ **descrivere** 描写する，記述する 過分 **descritto**

Descrivi un quadro che ti piace e spiega perché.
好きな絵を描いて，その理由を説明しなさい。

☐ **desiderare** 望む，ほしい，～したい（＋不定詞）

Lucio desiderava fare il medico.
ルーチョは医者になりたいと思っていました。

Desidera?
（店などで）ご注文は？ / 何かご用でしょうか？

☐ **difendersi** 身を守る 過分 **difeso** 関連 **difendere** 守る，防ぐ

Per difendersi efficacemente dalle allergie, la cosa migliore è affidarsi a uno specialista.
アレルギーから身を守るための最良の方法は，専門家に任せることです。

☐ **dimagrire** やせる，細くなる 関連 **ingrassare** 太る

Sono dimagrita di cinque chili facendo yoga.
私はヨガをやって５キロやせました。

☐ **dimostrare** 表す，明らかにする，証明する

Questo risultato dimostra che noi avevamo ragione.
この結果が，私たちが正しかったことを証明しています。

☐ **disegnare** （簡単な絵を）描く，作図する，デザインする

Il padre gli ha spiegato il progetto della nuova casa disegnando la pianta.
見取り図を書きながら，父親は彼に家の新築計画を説明しました。

□ **distinguere** 見分ける，区別する 過分 **distinto**
関連 **riconoscere** （人を）認識する，見分ける

Per noi italiani è difficile distinguere i giapponesi dai cinesi.
私たちイタリア人には，日本人と中国人を見分けるのは難しいです。

□ **disturbarsi** わざわざ～する（丁寧な表現）
関連 **disturbare** 迷惑をかける，妨げる

Non si disturbi venendo a prendermi alla stazione, prenderò un taxi!
わざわざ駅まで迎えに来ていただかなくて大丈夫ですよ，タクシーに乗りますから！

□ **domandare** 質問する，要求する

Le ragazze mi hanno domandato se Carlo stesse meglio.
女の子たちは，カルロの具合はよくなっているのかと私に尋ねました。

□ **dovere** ～に基づく，～に起因する（a ...）

L'incidente è dovuto a negligenza.
その事故は不注意によるものでした。

□ **durare** 続く，（食べ物などが）持つ

La mozzarella dura meno del gorgonzola.
モッツァレッラはゴルゴンゾーラよりもいたむのが早いです。

e

005

□ **educare** 教育する，しつける

Il compito più impegnativo dei genitori è educare i propri figli.
親が本腰を入れるべきいちばんの課題は，子供のしつけです。

□ **eleggere** 選ぶ，選挙する 過分 **eletto**

Mediante votazione, hanno eletto sindaco il signor Berti.
投票によって，ベルティさんが市長に選ばれました。

□ **esaminare** 調べる，検査する

Prima di tutto mi hanno esaminato la gamba ai raggi X.
まず最初に，私は足をＸ線で検査されました。

□ **escludere** （～から）締め出す，排除する（da ...）

Non è giusto escludere gli stranieri dalle trattative.
外国人を話し合いから締め出すのは正しくありません。

□ **esporre** 展示する，見せる，露出する 過分 **esposto**

L'ultimo paio di scarpe è stato esposto in vetrina.
最新の靴がショーウインドーに展示されました。

□ **estendere** 広げる，拡張する 過分 **esteso**

Quell'imprenditore intende estendere la propria attività commerciale anche in Asia.
その実業家は，アジアへも商売の手を広げたいと思っています。

□ **estendersi** 広がる，伸びる

L'Italia si estende dalle Alpi alla Sicilia.
イタリアはアルプス山脈からシチリア島まで伸びています。

□ **evitare** 避ける，～しないようにする（di+不定詞）

Evitiamo di passare per il centro nell'ora di punta, per evitare il traffico è meglio andare sull'autostrada.
私たちはラッシュアワーに中心街を通り抜けしないようにします。渋滞を避けるには，高速道路を行くほうがよいのです。

□ **farsi** ～になる，（時間帯が）～になる

Angela si è fatta rossa quando ha sentito quella storia.
その話を聞いたとき，アンジェラは顔を赤らめました。

Fra poco si fa buio.
まもなく暗くなります。

□ **ferirsi** 傷つく，けがする 関連 **ferire** 傷つける

Andrea è andato a caccia e si è ferito a un braccio.
アンドレーアは狩りに行き，腕をけがしました。

□ **festeggiare** 祝う，（人を）歓迎する

Stasera invitiamo Marco a cena per festeggiare il suo compleanno.
私たちは今夜，マルコを夕食に招いて誕生日のお祝いをします。

□ **fissare** 固定する，予定する，じっと見る

Quando mi ha fissato negli occhi, ho capito che era molto triste.
彼が私の目を見つめたとき，彼はとても悲しいのだとわかりました。

La partenza è fissata per martedì.
出発は火曜日と決められています。

□ **fornire** 供給する，提供する

A Venezia, ti consiglio di andare subito all'ufficio informazioni, dove ti forniscono tutte le informazioni di cui avrai bisogno.
ヴェネツィアでは，すぐに案内所へ行くことをすすめるよ，そこでは，君に必要な情報をすべて提供してくれるから。

□ **friggere** 揚げる，炒める 過分 **fritto**

Friggete le patate finché diventano croccanti.
ポテトがからりとなるまで揚げてください。

g 007

☐ **giudicare** 判断する，評価する，みなす

Posso averlo giudicato male.
私は彼を見誤ったかもしれません。

☐ **giungere** 着く，届く，到達する

Siamo giunti alla stessa conclusione.
私たちは同じ結論に達しました。

☐ **giurare** 誓う，断言する（di+不定詞）

Ti giuro che non mento.
誓って言うが，うそなどついていない。

Ha giurato sulla sua innocenza.
彼は自分は無実だと断言しました。

☐ **godere** よろこぶ，楽しむ / 享受する，恵まれる（di ...）

Mio nonno ha ottant'anni e gode ancora di ottima salute.
私の祖父は 80 歳で，いまだにすばらしい健康に恵まれています。

Da quella collina si gode una bella vista.
あの丘からの眺めはすばらしいです。

☐ **gridare** 叫ぶ，大声を出す

Quando si è fatta male al ginocchio, ha gridato per il dolore.
彼女は膝を痛めたとき，痛みで大声をあげました。

☐ **guarire** （病気など）治す，いやす / 治る

Questa medicina ti guarirà dalla tosse.
この薬で君の咳は治るでしょう。

Sono guarito completamente dall'influenza.
僕はインフルエンザから全快しました。

i 008

☐ **imboccare** 口に食べ物を入れる，(道路などに)進入する

Ho imboccato l'autostrada a Bologna.
私はボローニャで高速道路に乗りました。

☐ **immaginare** 想像する，思う (che+接続法)

Immagino che in Piemonte faccia ancora freddo.
ピエモンテ地方はまだ寒いと思います。

☐ **includere** 含める，加える，挿入する 過分 **incluso**

Paola ha organizzato una festa, ma ha dimenticato di includere fra gli invitati una nuova collega.
パオラはパーティーを企画しましたが，招待客の中に新しい同僚を入れ忘れてしまいました。

☐ **incrociare** 交差する，すれ違う

Quando incrocio quel signore per le scale, lo saluto.
その男の人と階段ですれ違うとき，私はいつもあいさつをします。

☐ **indossare** 身に着ける，着用している

Mia madre non ha ancora indossato questo abito da sera nemmeno una volta.
母はまだ一度もこのイブニングドレスに袖を通していません。

☐ **ingrassare** 太る / 太らせる

Lucia non mangia molto per paura di ingrassare.
ルチーアは太るのを心配してあまり食べません。

□ **insistere** 固執する，意地を張る（in ... ; su ...）/ 強く主張する
過分 **insistito**

Ha insistito nel voler cambiare lavoro.
彼は転職したいといってきかなかった。

□ **insospettire** 疑念を抱かせる，嫌疑を与える

L'atteggiamento e le parole del direttore ci hanno insospettito.
上司の言動は私たちに疑いを抱かせました。

□ **interessare** （人の）興味を引く，好奇心を抱かせる

A dire la verità, il film di cui ci ha parlato ieri sera non mi interessa proprio.
実を言うと，昨夜彼が私たちに話してくれた映画に，私はまったく興味がないのです。

□ **investire** 衝突する，ぶつかる / 投資する

C'è stato un incidente qui vicino. Una macchina ha investito uno in motorino.
この近くで事故がありました。自動車がバイクに乗った人をはねたのです。

Ha investito tutti i suoi risparmi in quell'impresa.
彼はすべての蓄えをその事業に投じました。

□ **inviare** 送る，発送する

Le faccio inviare questi dati dalla segretaria entro oggi.
今日中に，秘書にこのデータを送らせます。

□ **irritare** 怒らせる，刺激する，（皮膚などを）ひりひりさせる

Il suo modo di ridere mi ha irritato.
彼の笑い方は私をいらだたせました。

Questo rasoio mi irrita la pelle.
このかみそりは私の肌を傷つけます。

☐ **iscriversi** 登録する，入学する（a ...） 過分 **iscritto**
関連 **iscrivere** 加入させる

Mia figlia si è iscritta a Veterinaria.
私の娘は獣医学部に入学しました。

L 009

☐ **lamentarsi** 嘆く，不平を言う（di ...） 関連 **lamentare** 悔やむ

Quella signora ha sempre qualcosa di cui lamentarsi.
あの奥さんはいつも何か不平を言っています。

☐ **legare** 結ぶ，つなぐ

Giulietta ha legato i capelli alla bambina con un fiocco rosso.
ジュリエッタは女の子の髪に赤い（リボンの）蝶結びをしてあげました。

Il sapore del pollo lega bene con il rosmarino e la salvia.
鶏肉の味は，ローズマリーやサルビア（セージ）とよく合います。

☐ **liberarsi** 解放される，逃れる(da ...; di ...) 関連 **liberare** 解放する

Andavo spesso al mare per liberarmi dallo stress.
ストレスから解放されるために，私はよく海へ行ったものです。

☐ **litigare** 口論する

Vincenzo ha litigato con sua moglie per il trasloco.
ヴィンチェンツォは引っ越しのことで奥さんと言い合いをしました。

☐ **mantenere** 保つ，維持する 過分 **mantenuto**

Andava regolarmente in palestra ed era a dieta per mantenere la linea.
彼女は定期的にスポーツジムに通い，体形維持のためにダイエットしていました。

☐ **meditare** 熟考する / 瞑想にふける

Ho meditato spesso su quanto mi aveva detto.
私はよく，彼が言ったことに思いをめぐらせました。

☐ **mentire** 嘘をつく，だます

Matteo ha mentito ai genitori dicendo di aver superato l'esame senza problemi.
マッテーオは両親に，無事に試験に合格したと嘘をつきました。

☐ **metterci** 時間をかける，（犠牲を）払う
関連 **volerci** （時間や費用が）かかる

Di solito, ci metto circa un'ora a leggere il giornale con attenzione.
ふだん，私は1時間ほどかけて注意深く新聞を読みます。

◇mettereの成句的用法。常に小詞ciを伴い，時間や費用をかける〈人〉を主語にしてmettereが活用します。

☐ **migliorare** 改良する，改善する / 上達する

Se vuoi dimagrire, ti consiglio di migliorare l'alimentazione.
もしやせたいのなら，食生活を改善することをすすめるよ。

Il tuo italiano è molto migliorato.
君はイタリア語がとてもうまくなったね。

☐ **mostrare** 見せる，展示する，示す

Quelli che verranno per il colloquio di lavoro, dovranno mostrare il curriculum all'intervistatore.
仕事の面接を受ける人は面接官に履歴書を提出しなければなりません。

□ **muoversi** 身を動かす，動く 関連 **muovere** 動かす

Nonostante fosse in ritardo, il treno ancora non si muoveva.
遅れているのに，電車はまだ動いていませんでした。

Muoviti, o perdiamo il treno.
急いで，さもないと僕たち，電車に乗り遅れるよ。

n

011

□ **nascondere** 隠す 過分 **nascosto**

Il padre ha nascosto i regali per i bambini dietro al divano.
父親は子供たちへのプレゼントをソファの後ろに隠しました。

□ **nascondersi** 隠れる

Il gatto si è nascosto subito sotto il letto.
猫はすぐにベッドの下に隠れてしまいました。

□ **noleggiare** レンタルする，賃借りする

Abbiamo noleggiato una macchina per fare un giro in Sardegna.
サルデーニャ島をまわるために，私たちは車をレンタルしました。

□ **notare** 気づく，注目する，メモをとる
関連 **farsi notare** 目立つ，注目を集める

Non avevo notato che Giulia avesse cambiato il colore delle pareti della sua camera.
私は，ジュリアが寝室の壁の色を変えたのに気がつきませんでした。

Domenico fra i pittori si fa notare.

ドメニコは画壇で注目を集めています。

□ **nuotare** 泳ぐ，水泳する

Mi tengo in forma andando in piscina e nuotando tutti i giorni.
私は毎日プールへ行って泳ぐことで，体調を維持しています。

o 012

□ **occupare** 占める，ふさぐ / (時間を)費やす，つぶす

Questo computer occupa troppo spazio.
このパソコンは場所をとりすぎます。

□ **occuparsi** 従事する，専念する (di ...)

Marianna si è licenziata per occuparsi del bambino.
マリアンナは子供の世話に専念するために退職しました。

□ **ordinare** 整理する，命じる，注文する

Questo piatto è diverso da quello che avevo ordinato.
この料理は注文したものと違います。

□ **organizzare** (パーティー・催しなどを)企画する，組織する

Siccome a Michela piace viaggiare, è molto brava ad organizzare programmi di viaggio.
ミケーラは旅行好きで，旅の予定を組むのがとても上手です。

p 013

□ **parcheggiare** 駐車する

Siccome in centro a quest'ora è difficile parcheggiare, andiamo in taxi.
この時間の中心街は車を停めるのが難しいので，タクシーで行きま

しょう。

☐ **partecipare** 参加する，かかわる（a ...）

Nostra figlia ha partecipato ad un concorso di pianoforte e lo ha vinto.

私たちの娘はピアノコンクールに出て，優勝しました。

☐ **partorire** 出産する，分娩する

Mia sorella ha partorito la settimana scorsa ed ha avuto una bellissima bambina.

私の妹は先週出産をして，とてもかわいい女の子を生みました。

☐ **peggiorare** 悪化する / 悪化させる

Domani il tempo peggiorerà sulle Alpi e sui rilievi.

明日，アルプス地方や山岳地域では天候は悪化するでしょう。

Per peggiorare la situazione, l'aereo era in ritardo a causa dello sciopero.

さらに悪いことに，ストライキのため飛行機が遅れていました。

☐ **pentirsi** 悔いる，後悔する（di ...）

Quando sono stato bocciato, mi sono pentito di non aver studiato abbastanza.

僕は落第させられたとき，十分に勉強しなかったことを後悔しました。

☐ **pesare** 重さがある，重圧がかかる

Questa valigia pesa 15 chili.

このスーツケースは 15 キロあります。

Questa richiesta certamente gli peserà, ma non so a chi altro rivolgermi.

この要求は彼にはきっと負担だろうが，私はほかの誰に助力を求めてよいのかわからない。

☐ **pescare** 魚を釣る 関連 **andare a pesca** 釣りに行く, 漁に出る

Nel fine settimana, mio zio è andato al fiume e ha pescato delle trote.
叔父は週末に川へ行き, マスを釣りました。

☐ **piazzarsi** 席につく, 腰を落ち着ける, よいポジションを取る
関連 **piazzare** 置く

Quella macchina si è piazzata nel mezzo della strada e non si è riusciti a sorpassarla.
その車は道路の真ん中を走っていたので, 追い越すことができませんでした。

☐ **picchiare** 殴る, 打つ

Nel corso della lite i ragazzi hanno cominciato a picchiarsi.
男の子たちは言い合っているうちに, 殴り合いを始めました。

☐ **piegare** 折る, 曲げる

Quando ha finito di leggere il giornale, l'ha piegato a metà e l'ha messo in borsa.
彼は新聞を読み終えると, 半分に折りたたみ, バッグにしまいました。

☐ **premiare** 賞を与える

La squadra vincitrice sarà premiata dal sindaco.
勝ったチームは市長により表彰される予定です。

☐ **prenotare** 予約する

Ho prenotato una camera doppia via Internet.
私はインターネットでツインの部屋を予約しました。

☐ **prevedere** 予想する, 予測する 過分 **previsto**

Era previsto che la situazione economica non sarebbe

migliorata in breve tempo.
経済状況は短期間には改善されないだろうとは予測されていました。

☐ **prevenire** 先に着く，未然に防ぐ，予防する 過分 **prevenuto**

Stavo per rispondere, ma lui mi ha prevenuto.
僕が答えようとしたら，彼が先に答えてしまいました。

☐ **procedere** (物事が)進む，はかどる，(時間が)経過する

I preparativi per il mio matrimonio procedono un po' alla volta.
私の結婚式の準備は毎回少しずつ進んでいます。

☐ **promuovere** 促進する，奨励する，進級(昇級)させる
過分 **promosso**

Per promuovere gli scambi internazionali, hanno in programma il gemellaggio con una città giapponese.
国際交流を促すために，彼らは日本の都市と姉妹都市の提携をすることを計画しています。

Meno male che siamo stati tutti promossi.
僕たち全員が進級できてやれやれだ。

☐ **proporre** 提案する，すすめる 過分 **proposto**

Per il prossimo inverno, questa famosa marca propone un cappotto leggero e caldo.
次の冬に向けて，この有名ブランドは軽くて暖かいコートをおすすめしています。

☐ **proseguire** 続ける，継続する / 進む，前進する

Marco aveva la febbre e un forte mal di testa. Dopo due giorni di riposo, tuttavia, ha deciso di proseguire il viaggio.
マルコは熱があり，ひどい頭痛がしていました。しかし，２日休んだあと，旅を続けることに決めました。

□ **proteggere** 守る，防ぐ，保護する 過分 **protetto**

Per proteggere gli occhi, porto sempre gli occhiali da sole.
目を守るために，私はいつもサングラスをかけています。

r

014

□ **raccomandarsi** 頼み込む，願う
関連 **raccomandare** 推薦する，すすめる

Chiudi la porta a chiave, mi raccomando.
頼むから，ドアに鍵をかけて閉めてね。

□ **rafforzare** 強化する，さらに強くする

Le sue parole hanno rafforzato la mia decisione.
彼の言葉で，私の決心は固まりました。

□ **rappresentare** 表す，描く / 代表する，象徴する / (劇など)上演する

Questa poesia rappresenta la gioia e la tristezza di una donna anziana.
この詩は一人の年老いた女性の喜びと悲しみを描いています。

Quel cantautore rappresenta una nuova corrente musicale.
そのシンガーソングライターは新しい音楽的潮流を代表しています。

□ **registrare** 記載する，記録する

Mio fratello Carlo registra su DVD i programmi che mi piacciono e ogni tanto me li manda.
兄のカルロは私の好きな番組を DVD に録画して，時々送ってくれます。

□ **regolare** 統制する，管理する，調節する

Ho regolato il condizionatore a 26 gradi.

私はエアコンを 26 度に調節しました。

☐ **rendere** ～にする，～にさせる / 返す，与える，(利益を)生む
過分 **reso**

La sua risposta mi ha reso felice.
彼の返事に私はうれしくなりました。

Questo investimento renderà almeno il cinque per cento di interesse.
この投資は少なくとも 5 % の利息をもたらすでしょう。

☐ **restituire** 返す，返却する

Gloria si è dimenticata di restituire i due libri che aveva preso in prestito.
グロリアは借りていた 2 冊の本を返却し忘れました。

☐ **riconoscere** (人を)認識する，見分ける

Non lo avevo mai incontrato, ma l'ho riconosciuto dalla voce.
僕は彼に一度も会ったことがないのだけれど，声で彼だとわかりました。

☐ **ricoverare** 収容する，(宿・避難所を)与える，泊める

Oggi pomeriggio un motorino ha investito una signora, che è stata ricoverata d'urgenza in ospedale.
今日の午後，バイクが女性をはね，彼女は緊急に病院に収容されました。

☐ **ridurre** (～に)変える / 縮小する，減らす / (悪い状態に)する
過分 **ridotto**

L'anno prossimo la produzione di autovetture verrà ridotta del cinque per cento.
来年は自動車の生産が 5 %減少されるようです。

L'incendio ha ridotto il teatro in cenere.
火事で劇場が灰になってしまいました。

□ **rifugiarsi** 避難所を求める，(精神的な)助けを求める

Ci siamo rifugiati in campagna per allontanarci dagli orrori della guerra.
私たちは戦禍から遠ざかるために，田舎に身を寄せました。

□ **riguardare** 見直す，検討する/ (物事に)かかわる，関係をもつ
関連 **per quanto riguarda ...** ～に関しては

Non preoccuparti di quanto non ti riguarda.
君に関係のないことにはかまわないでくれ。

Per quanto riguarda quella faccenda, parliamo dopo.
その件に関しては，あとで話そう。

□ **rimandare** 送り返す，戻す，延期する

Se domani pioverà, dovremo rimandare la partita a tennis al prossimo fine settimana.
もし明日雨が降ったら，テニスの試合を次の週末に延期しなければならないでしょう。

□ **ringiovanire** 若返らせる / 再び若くなる，いっそう若く見える
関連 **invecchiare** 年を取る，老ける

Il colore di questa giacca La ringiovanisce.
このジャケットの色はあなたを一段と若く見せます。

□ **rintracciare** 跡をたどる，追跡する，探し当てる

Ho telefonato, ho scritto, ho tentato di tutto, ma non sono riuscito a rintracciare Lucia e Giovanna.
電話をしたし，手紙も書いたし，手を尽くしてみたけれど，ルチーアとジョヴァンナを探し当てることはできませんでした。

□ **rinunciare** 放棄する，断念する (a ...)

Mi è venuta la febbre, perciò sono stata costretta a rinunciare

al viaggio.
私は熱が出ました。だから，旅を断念せざるを得ませんでした。

□ **riparare** 守る，保護する，修理する

Lo zio Alfredo è venuto da noi e ha riparato il tetto.
アルフレード叔父さんが私たちのところにやって来て，屋根を直してくれました。

□ **ripararsi** 身を守る，避ける

Questi alberi servono a ripararsi dal sole.
この木々は日差しをよけるのに役立ちます。

□ **ripensare** 熟考する，（ciを伴い）考え直す，考えを変える

Dopo averci pensato e ripensato, il direttore ha abbandonato quel progetto.
よくよく考えた上で，部長はその計画を破棄しました。

Avevo deciso di iscrivermi a Lettere, poi ci ho ripensato e mi sono iscritto a Economia.
僕は文学部に入ろうと決めていましたが，あとで考え直し，経済学部に入学しました。

□ **ripercuotersi** 反映する，（光りが）反射する，（音が）反響する
関連 **ripercuotere** 反射（反響）させる

Il cambiamento dei prezzi del petrolio si ripercuote immediatamente sui prezzi di mercato.
オイル価格の変動がすぐさま市場価格に反映します。

L’eco si ripercuote sui monti.
こだまが山々に響きます。

□ **riportare** 返す，元へ戻す

Devo riportare al signor Gori questo trapano che mi ha

prestato l'altro ieri.
私は一昨日借りたこのドリルをゴーリさんに返さないといけません。

□ **risolvere** 解決する，解明する [過分] **risolto**
[関連] **sistemare**（やっかいごとを）かたづける

Abbiamo risolto le nostre incomprensioni attraverso un dialogo pacato.
私たちは冷静な対話を通して，互いの無理解を解決しました。

□ **ristrutturare** 再構築する，改修する，リストラを行う

Il Comune ha deciso di ristrutturare il museo civico.
その地方自治体は市立美術館を改修することに決めました。

□ **risultare** ～の結果になる，はっきりする

Dalle ultime notizie, risulta che fino ad ora più di cento persone hanno perso la vita nella tragedia.
最新のニュースによれば，今のところその惨劇によって 100 名以上が亡くなったという結果が出ています。

□ **ritirare** 引き戻す，引き出す，回収する

Gianni ha ritirato dalla banca diecimila euro.
ジャンニは銀行から 1 万ユーロ引き出しました。

Sono andata in lavanderia a ritirare le camicie.
私はシャツを引き取りにクリーニング屋さんへ行きました。

□ **ritornare**（元の場所へ）戻る，帰る

Abbiamo deciso di ritornare in quel paesino in dicembre.
私たちはその小さな町に 12 月に戻ることに決めました。

□ **riuscire** うまくできる，成功する（人が主語：a+不定詞）

Con questo rumore non riesco a dormire.

この物音で私は眠れません。

Non riesco ad aprire questo file: forse non ho l’applicazione adatta.
私はこのファイルが開けません。おそらくそれに合うアプリケーションが入ってないのでしょう。

□ **rompere** 壊す，(関係・契約・約束を)破棄する，破る [過分] **rotto**

Sono stata io a rompere questo bicchiere.
このグラスを割ったのは私です。

Maria ha rotto con il fidanzato.
マリーアは婚約を破棄しました。

□ **rompersi** 壊れる，折れる，破れる

Marco si è rotto una gamba sciando.
マルコはスキーで足を骨折しました。

S ······································ 015

□ **salutare** (人に)あいさつする

Se vedi Marco, salutamelo.
マルコに会ったら，私からよろしくと伝えてね。

□ **sbrigarsi** 急ぐ [関連] **sbrigare** 急いですませる

Sbrigati!
急げ！/ぐずぐずするな！

Se ti sbrighi, arriverai in tempo.
急げば間に合うよ。

□ **scaldare** 温める，暖める，熱する

Questa stufa scalda consumando meno elettricità.
このストーブはあまり電気を消費せずに暖めます。

Scaldate della salsa a fuoco lento ancora cinque minuti.
弱火であと５分ソースを温めてください。

□ **scappare** 逃げる

Il cane dei signori Neri è scappato ieri sera.
昨夜ネーリさん夫妻の犬が逃げました。

□ **scendere** 下がる，下りる，(乗り物から)降りる

Per andare a teatro, è meglio scendere alla prossima fermata.
劇場へ行くなら，次の停留所で降りたほうがよいです。

□ **scivolare** 滑る，滑り落ちる

Volevo salire su quella grossa pietra, ma sono scivolato e sono finito in acqua.
僕はその大きな石に上りたかったのですが，足を滑らせてしまい，水の中に落ちてしまいました。

□ **sconsigliare** すすめない，～しないように助言する（di+不定詞）

Ti sconsiglio quella scuola.
あの学校はおすすめしないよ。

Gli ho sconsigliato di andare in montagna in questa stagione.
私はこの季節に山へ行かないよう彼に言いました。

□ **scontrarsi** ぶつかる，衝突する 関連 **scontrare** 出くわす

La vettura si è scontrata con il tram.
車両が路面電車に衝突しました。

□ **scoprire** 覆いを取る，発見する 過分 **scoperto**

Al mercato delle pulci ho scoperto libri vecchi e rari.
蚤の市で私は珍しい古本を見つけました。

□ **seguire** 従う，(催し・授業などに)通う，(番組などを)続けて見る

Carla ha deciso di seguire il consiglio di Barbara.
カルラはバルバラのアドバイスに従うことに決めました。

Vado a Perugia per seguire un corso estivo di italiano.
私はイタリア語の夏期講習に出るためにペルージャへ行きます。

□ **servire** 役に立つ，必要である(非人称的な用法)

Per ora il dizionario non mi serve; se vuoi, usalo pure.
今のところ，僕はこの辞書は使わないよ。よかったら，どうぞ使って。

◇非人称的な用法の場合，文法上の主語は〈物・こと〉，ここでは il dizionario。事実上の主語，すなわち「必要とする（しない）人」は間接目的語，ここでは mi で表されます。

□ **sistemare** 整理する，片づける，(人を)宿泊させる，預ける

Non appena sono entrata in camera, ho sistemato tutti i vestiti nell'armadio.
私は部屋に入るやいなや，洋服をすべてタンスに整理しました。

□ **sistemarsi** (滞在先を)確保する，身を落ち着ける，就職する，結婚する

Claudio e Laura si sono sistemati nella nuova casa in periferia.
クラウディオとラウラは郊外に新居をかまえました。

Lucio si è sistemato nell'azienda dello zio.
ルーチョは叔父の会社に就職しました。

□ **soffrire** 苦しむ，耐える / (病気に)かかる，患う(di ...)
[過分] **sofferto**

Tutti soffrono per l'attuale crisi economica.
誰もが現在の不況にあえいでいます。

Io soffro di allergia al polline.
私は花粉症です。

□ **sopportare** 耐える，我慢する

Il tetto non ha sopportato il peso della neve.
屋根は雪の重さに耐えられませんでした。

Ho scoperto che tutto quello che mi aveva detto era una bugia. Non lo sopporto più.
彼が私に言ったことは全部うそだとわかりました。もう彼には我慢なりません。

□ **spostare** 移動させる，動かす，(時間を)変更する

Ha spostato la macchina nel parcheggio accanto.
彼は隣の駐車場に車を移動させました。

Gli esami sono stati spostati a febbraio.
試験の日取りは２月に変更されました。

□ **spostarsi** (人が)動く，移転する，(物が)移る

A causa del terremoto hanno dovuto spostarsi in un piccolo riparo.
地震のために，彼らは小さな避難所へ移らなければなりませんでした。

□ **sprigionare** 発散する，放つ

Se il numero delle macchine elettriche aumenta, sprigioniamo sempre meno gas di scarico.
電気自動車の数が増えれば，排気ガスの放出は一層少なくなります。

□ **stancarsi** 疲れる，あきあきする，うんざりする（di；di+不定詞）
関連 **stancare** 疲れさせる

Molti si sono stancati delle promesse dei politici.
多くの人が政治家の公約にはうんざりしています。

Mi piacciono così tanto quegli affreschi che non mi stanco mai di contemplarli.
私はあのフレスコ画が大好きで，何度見てもあきません。

☐ **starnutire** くしゃみをする

Quando ho starnutito, mi hanno detto: “Salute!”.
くしゃみをしたら，みんなに Salute!（お大事に）と言われました。
◇イタリアの習慣で，くしゃみをした人には Salute! と言い，言われた人は Grazie! と返します。

☐ **starsene** じっとしている

Dopo il divorzio, Gennaro ha cominciato a starsene sempre chiuso nel suo ufficio.
離婚のあと，ジェンナーロはいつも会社に閉じこもるようになりました。

☐ **stendere** 伸ばす，広げる，干す [過分] **steso**
[関連] **distendere** 伸ばす

Quando fa bel tempo, stendo sempre fuori il bucato.
天気のよい日には，私はかならず洗濯物を（乾かすのに）外に干します。

☐ **stringere** 締める，握る，（衣服など）縮める，つめる [過分] **stretto**

Mi hanno stretto la mano al momento di partire.
別れ際に，彼らは僕に握手をしてくれました。

☐ **suonare** （楽器を）弾く，鳴らす / （ベルなどが）鳴る

Giulietta ha cominciato a suonare il violino quando aveva sette anni.
ジュリエッタは７歳のときに，ヴァイオリンを弾き始めました。

Quando viene l’acqua alta, suona la sirena dell’allarme.
アクアアルタ（高潮）が来ると警報のサイレンが鳴ります。

☐ **svolgere** 解く，ほどく，展開する [過分] **svolto**

Il professor Corti è partito per l’Iraq allo scopo di svolgere una ricerca archeologica.

コルティ先生は考古学の調査を進めるためにイラクへ飛び立ちました。

□ **svolgersi** 行われる，生じる / 展開する

Le elezioni si sono svolte nella legalità.
選挙は正しく行われました。

t ・・ 016

□ **tagliarsi** 切れる，切り傷を負う 関連 **tagliare** 切る

Mi sono tagliata un dito con un coccio del vaso da fiori.
私は花びんのかけらで指を切ってしまいました。

□ **tendere** (ピンと)張る，広げる 過分 **teso**

Dopo aver lavato le lenzuola le ha tese al sole.
シーツを洗ったあと，彼女は広げて日に干しました。

□ **tenere** 持つ，(姿勢・状態などを)保つ，(会議・催しなどを)開催する 過分 **tenuto**

Per proteggerti dall'influenza devi tenere le mani pulite.
インフルエンザから身を守るには，手を清潔にしておかなければならないよ。

Dal primo settembre al 15 dicembre, si terrà la mostra su Roma antica.
9月1日から12月15日まで，古代ローマ展が開催されます。

□ **tirare** 引く，引っ張る

La mamma ha tirato fuori una vecchia valigia dal fondo del guardaroba.
お母さんがクローゼットの奥から古いスーツケースを引っ張り出しました。

□ **toccare** 触れる / (身に)ふりかかる, (順番が)当たる

I lavori ingrati toccano sempre a me.
いやな仕事はいつも私に当たります。

Oggi tocca a me pulire le camere.
今日は僕が部屋の掃除当番です。

□ **tossire** 咳をする, 咳が出る

Mia figlia ha tossito tutta la notte. Probabilmente sarà raffreddata.
娘は一晩中咳をしていました。どうやら風邪を引いたようです。

□ **trascorrere** (時を)過ごす / (時が)経つ [過分] **trascorso**

Alla villa trascorrevamo i pomeriggi fra la lettura e il riposo.
私たちは別荘で, 読書をしたり, 昼寝をしたりして, 午後を過ごしていました。

Anche se ho già trascorso dieci anni in Italia, non so ancora parlare un buon italiano.
私はもうイタリアで10年過ごしているのに, まだ上手なイタリア語が話せません。

□ **trasferirsi** 引っ越す, 転居する [関連] **trasferire** 移転させる

Alfredo deve trasferirsi a Roma in giugno.
アルフレードは6月にローマに引っ越さなければなりません。

□ **traslocare** 移転する / 引っ越す

I signori Franchi hanno traslocato a due passi dalla stazione centrale.
フランキ夫妻は中央駅のすぐ近くに引っ越しました。

□ **trasmettere** 放送する, (情報を)伝える [過分] **trasmesso**

Il dibattito parlamentare è trasmesso in diretta.

国会の討論が生中継されています。

☐ **trattare** 扱う，もてなす / (si tratta di ...) ～のことである

Quando mi fermavo da loro, mi trattavano con molta gentilezza.
彼らのところに滞在していたとき，私はとても親切な待遇を受けました。

Si tratta di un problema relativo all’ambiente familiare.
それは家庭環境の問題です。

☐ **trattenere** (人を)引き留める，(感情・涙など)抑える，こらえる
過分 **trattenuto**

Quella pescatrice subacquea riesce a trattenere il respiro per un tempo lunghissimo.
あの海女さんはたいへん長く息を止めることができます。

u 017

☐ **unificare** 統一する，統合する，標準化する

Nell’Unione Europea è stata unificata anche l’unità monetaria.
欧州連合では，通貨単位も統一されました。

Le due compagnie aeree hanno unificato i voli “da” e “per” Torino.
2つの航空会社がトリノの発着便を統合しました。

☐ **unire** 結びつける，合わせる，統一する

Si deve unire prima il vino bianco, il sale, le uova alla farina.
小麦粉には最初に白ワインと塩と卵を合わせなければなりません。

☐ **urlare** (動物が)吠える，(人が)泣き叫ぶ，どなる

Per farmi sentire bene ho dovuto urlare.

よく聞いてもらうために，私はどならなければなりませんでした。

V 018

☐ **vergognarsi** 恥ずかしい思いをする，恥じいる（di ...）

Mi vergogno di non sapere nulla di politica.
政治のことを何も知らず，私は恥ずかしい。

☐ **versare** 注ぐ，つぐ，こぼす，払い込む

La bambina ha versato l'acqua sulla tovaglia.
女の子はテーブルクロスに水をこぼしてしまいました。

Devo versare diecimila euro in banca entro domani.
私は明日までに銀行に1万ユーロ払い込まねばなりません。

☐ **volare** 飛ぶ

Lo struzzo e il gallo non sanno volare.
ダチョウとニワトリは飛ぶことができません。

☐ **volerci** 必要である，（時間や費用が）かかる
関連 **metterci** 時間をかける

Per andare a scuola prendiamo la metro e l'autobus. Ci vuole almeno un'ora e mezzo.
学校へ行くのに，私たちは地下鉄とバスに乗ります。少なくとも1時間半はかかります。

◇volere の成句的用法。常に小詞 ci を伴い，「もの・こと・時間・金額」などを文法上の主語として volere が活用します。

☐ **volgere** 向ける / 向かう 過分 **volto**

Avendo sentito un rumore, hanno volto gli occhi al cielo e hanno visto un uccellino.
彼らは物音を聞いたので，空に目を向けました。すると，1羽の小鳥を見かけました。

La situazione volge al meglio.
事態は良いほうに向かっています。

□ **volgersi** 向く

Sabina si volse indietro prima di uscire e ci salutò.
サビーナは出て行く前に振り返り，私たちにあいさつしました。

□ **voltare** 曲がる，向きを変える

Al prossimo angolo volti a sinistra.
次の角を左に曲がってください。

名詞

a 019

☐ **abbronzatura** 日焼け

Questa crema favorisce l’abbronzatura proteggendo la pelle dalle scottature.
このクリームはやけどから肌を守ってくれるので，日焼けに最適です。

☐ **accessorio** (主に複数で)アクセサリー，付属品

Questo aspirapolvere è completo di tutti gli accessori.
この掃除機は，付属品が全部そろっています。

☐ **accoglienza** もてなし，歓迎

Il film ha ricevuto una buona accoglienza sia da parte del pubblico che della critica.
その映画は，観客からも批評家からも好評を博しました。

☐ **accusa** 非難 / 告発，告訴

A quell’uomo politico sono state rivolte accuse molto gravi.
その政治家には，たいへん厳しい非難が向けられました。

☐ **affermazione** 囡 肯定，断定，主張

Le affermazioni del fabbricante sono ovviamente false.
その製造業者の主張は明らかに間違いです。

☐ **agenda** 手帳

Ho il suo numero di telefono nella mia agenda.
私は彼の電話番号を手帳に控えてあります。

☐ **agente** 男 女 代理人（業者）,外交員，係員 / 警官，刑事

Hanno deciso di affidare ad un agente la vendita della merce.
商品販売を，代理業者に委託することが決まりました

☐ **agricoltura** 農業

L'economia di queste zone si basa sull'agricoltura.
この地域の経済は農業を基盤としています。

☐ **alba** 夜明け，日の出 / 発端，始まり

È iniziato a piovere all'alba.
明け方に雨が降りだしました。

☐ **alimentare** 男（複数で）食料品 関連 **generi alimentari** 食料品

Hanno aperto un negozio di alimentari in via Manzoni.
マンゾーニ通りに食料品店がオープンしました。

☐ **alleanza** 同盟

L'alleanza tra i due partiti è resa problematica dalla divergenza delle rispettive visioni sull'economia.
経済の見通しの相違によって，この２つの政党の同盟が危うくなりました。

☐ **allergia** アレルギー 関連 **allergie da polline** 花粉症

Il dottore ci ha dato dei consigli per difenderci dalle allergie stagionali.
医者は私たちに季節的なアレルギーから身を守るためのアドバイスをくれました。

☐ **Alpi** 女 複 アルプス山脈（地方）

Il tempo sarà nuvoloso sul resto della penisola con temporali sulle Alpi.

アルプス地方では雷雨，それ以外のイタリア各地は曇りとなるでしょう。

□ **altezza** 高さ

In quella zona del Nord, in una sola notte la neve ha superato un metro di altezza.

北部のその地域では，一晩で雪が1メートル以上も積もりました。

□ **ambasciata** 大使館

Oggi pomeriggio, per andare all'ambasciata a richiedere il visto, devo prendere un'ora di permesso dal lavoro.

私は今日の午後，大使館へビザの申請に行くのに1時間仕事を抜けさせてもらわねばなりません。

□ **ambasciatore** 男 **/ ambasciatrice** 女 大使

Il saluto dell'ambasciatore all'inaugurazione è stato molto significativo.

開会式での大使のあいさつはたいへん有意義なものでした。

□ **ambizione** 女 野心，熱望

Siccome avevano le stesse ambizioni, hanno deciso di collaborare fondando una società.

彼らは同じ野心をもっていたので，会社を設立して手を組むことに決めました。

□ **ambulanza** 救急車

Ho assistito per caso a un incidente e ho chiamato subito un'ambulanza e la polizia.

私は偶然にも事故を目撃したので，すぐに救急車と警察を呼びました。

□ **amministrazione** 女 行政／管理，経営

Il consiglio di amministrazione dovrebbe essere costituito almeno da dieci soci.

運営委員会は最低でも 10 名の会員で構成されるべきだろう。

□ **angolo** (曲がり)角,(新聞・ラジオなどの)コーナー

Il loro appartamento si trova all'angolo tra Via Verdi e Via del Corso.
彼らのマンションはヴェルディ通りとコルソ通りの角にあります。

□ **animale** 男 動物

La società lancia appelli per la protezione degli animali che stanno per estinguersi.
その団体は絶滅に瀕する動物の保護を呼びかけています。

□ **annata** 1年間 / (1年の)収穫 / (ワインなど)当たり年

Questo vino d'annata si accompagna bene con piatti come il risotto ai funghi porcini.
この当たり年のワインはポルチーニ茸のリゾットのような料理とよく合います。

□ **ansia** 心配, 不安

Un padre è sempre in ansia per il proprio figlio.
父親はいつも自分の息子が心配です。

□ **anziano** 男 **/ anziana** 女 年長者, 高齢者

Quei genitori educano i loro figli a cedere sempre il posto agli anziani.
その親は息子たちに, お年寄りに席を譲るようしつけています。

□ **apparecchio** 機械, 機器, 装置

Questo apparecchio fa uno strano rumore.
この機械はへんな音がします。

□ **appassionato** 男 **/ appassionata** 女 愛好家, マニア

Luigi è un grande appassionato di fumetti giapponesi.
ルイージは日本のマンガの熱狂的マニアです。

□ **applicazione** 女 適用, 応用 / 熱中, 没頭
関連 **con molta applicazione** とても熱心に

È fondamentale che tutti rispettino l'applicazione delle norme.
全員が規則の適用に従うことは基本です。

Ha superato quell'esame difficile studiando con molta applicazione.
彼はとても熱心に勉強したので, あの難しい試験に合格しました。

□ **architettura** 建築, 建築学 関連 **architetto** 建築家

Se non sbaglio, Stefano ha preso Architettura.
私の思い違いでなければ, ステーファノは建築学部を選択しました。
◇学部名の場合は Architettura のように大文字で始めます。

□ **argomento** 主題, 論題, 問題

L'argomento della conferenza sono i nuovi scavi in una zona vicino a Roma.
講演会のテーマは, ローマ近郊のある地域の新たな発掘です。

□ **aroma** 芳香, 香り 関連 **aromaterapia** アロマテラピー

Un'apposita giuria premierà il migliore aroma, la fantasia e la velocità dei baristi.
専門の審査員会がバリスタたちの最高の香りと独創性とスピードに対して賞を与えます。

□ **articolo** (新聞・雑誌の)記事 / 品物 / 文法 冠詞

Ha scritto questo articolo raccogliendo la voce dei politici e dei critici.

彼は政治家や評論家の声を集めて，この記事を書きました。

□ **ascoltatore** 男 **/ ascoltatrice** 女 聴衆，(ラジオの)リスナー
関連 **auditore** 聴衆

Questo programma è seguito da molti ascoltatori.
この番組にはたくさんのリスナーがいます。

□ **asilo** 幼稚園，保育園，避難所

Molti genitori che lavorano portano i bambini all’asilo.
働いている親の多くは子供たちを保育園に預けます。

□ **associazione** 協会，連合，参加

L’associazione “Amici a quattro zampe” vi presenta un cane abbandonato che cerca una nuova famiglia.
「四つ足の友だち」協会は，みなさんに新しい家族を探している捨て犬を紹介します。

□ **atletica** 運動競技 関連 **atletica leggera** 陸上競技
atleta 男 女 競技者，アスリート

Nostro figlio ha ottenuto una vittoria nelle gare di atletica leggera.
私たちの息子は陸上競技大会で優勝をしました。

□ **atmosfera** 大気 / 雰囲気

Questa trattoria mi piace perché ha un’atmosfera molto familiare.
その食堂はとても家庭的な雰囲気があるので好きです。

□ **atteggiamento** 態度

Non mi fido molto di lui, perché ha sempre un atteggiamento ambiguo.

いつもあいまいな態度をとるので，彼のことをあまり信用していません。

□ **atto** 行為，動作，実行 / (演劇の)幕 関連 **mettere in atto** 実行に移す

Il progetto delle riforme è stato finalmente messo in atto.
その改革案はようやく実行に移されました。

□ **aumento** 増加 関連 **diminuzione** 反 減少

La quantità di anidride carbonica presente nell'aria è in continuo aumento.
空気中の二酸化炭素の量は増え続けています。

□ **autorità** 権威，権限

La lunga carriera di quel regista lo rende un'autorità nel mondo del cinema.
その監督は，長いキャリアによって，映画界の権威となっています。

□ **autostrada** 自動車道路，高速道路

Oggi sulle autostrade si sono registrati molti incidenti, alcuni dei quali mortali.
今日，高速道路では多数の事故が発生し，死亡事故も報告されました。

□ **avvenimento** 出来事，事件

Ha spiegato dettagliatamente all'avvocato come si sono svolti gli avvenimenti.
彼女は事件の経緯を弁護士に詳しく説明しました。

□ **avvenire** 男 将来，未来

A 19 anni ho iniziato a pensare seriamente al mio avvenire.
私は 19 歳のときに，自分の将来を真剣に考え始めました。

□ **avventura** 冒険

Da bambino amavo leggere i libri d'avventure.
子供の頃，僕は冒険ものの本を読むのが大好きだったよ。

□ **azione** [女] 行動 活動

Le sue azioni hanno dato adito a sospetti.
彼の行動が疑いの種をまきました。

b ………………………… 020

□ **bacio** キス，口づけ [関連] **baci e abbracci**（手紙の結び文句として）心からのキスと抱擁を

La madre ha dato un bacio in fronte al figlio.
母親は息子の額にキスをしました。

□ **baffo** [複] 口ひげ，（猫などの）ひげ [関連] **barba**（あご）ひげ

Quel signore con i baffi e la barba è un mio vecchio compagno di scuola.
あのひげをたくわえた男の人は，僕の学生時代の古い友人です。

□ **balcone** [男] バルコニー [関連] **terrazzo**（屋上・階下の）テラス

Questo appartamento ha un bellissimo balcone, molto grande, con vista sul lungomare.
このマンションにはとてもすてきなバルコニーがあり，とても大きくて海沿いの景色が一望できます。

□ **ballo** 踊り，ダンス，バレエ [関連] **danza** ダンス

Nelle feste di paese, si vedono molte coppie esibirsi in balli tradizionali.
田舎のお祭りでは，たくさんのペアが伝統舞踊を披露するのが見られます。

☐ **barattolo** びん, 缶(保存用の円筒状のもの)

Questo caffè è disponibile in barattoli da 250 grammi.
このコーヒーは, 250グラム入りの缶が市販されています。

☐ **barca** (小さな)船, ボート

Molti immigrati sfidano la sorte attraversando il Mediterraneo su barche poco sicure.
多くの移民が, かなり危険な船で地中海を渡って, 果敢に運命に立ち向かいます。

☐ **base** 女 基礎, 基本 / 基地 関連 **in base a ...** ～に基づいて

Per imparare bene una lingua straniera, è importante studiarne seriamente le basi.
外国語を習得するには, きちんと基礎を勉強することが大切です。

I prezzi variano in base alla qualità.
値段は品質によって変わります。

☐ **bastoncino** 細い棒, 複 箸 関連 **bastone** 男 棒, ステッキ

In Giappone, per mangiare, di solito si usano i bastoncini.
日本では食事のときに, ふだんは箸を使います。

☐ **battuta** (劇の)台詞, (短い会話の)やりとり

Trovate la risposta giusta per ogni battuta.
それぞれの会話のやり取りに対して正しい答えを見つけなさい。

☐ **becco** くちばし 関連 **bocca** 口

Le costardelle sono pesci lunghi e sottili, con la bocca allungata come il becco di un uccello.
サンマは鳥のくちばしのように長い口をした細長い魚です。

☐ **bellezza** 美しさ, 美 関連 **istituto di bellezza** エステティックサロン

Per la bellezza della pelle, è molto importante l'alimentazione.
肌を美しく保つには，食生活が重要です。

□ **benda** 包帯，眼帯

Aveva una benda avvolta intorno al braccio.
彼は腕に包帯を巻いていました。

□ **benzina** ガソリン 関連 **distributore / distributore di benzina** ガソリンスタンド

Se devi fare benzina, il prossimo distributore è a 15 chilometri.
ガソリンを入れなければならないのなら，次のスタンドが 15 キロ先にありますよ。

□ **berretto** （ひさし付きの）帽子 関連 **cappello** （主につばの広い）帽子

Il ladro aveva un berretto di lana in testa.
泥棒は頭に毛糸の帽子をかぶっていました。

□ **bestia** 動物，獣 関連 **animale** 男 動物
bestiame 男 家畜

A volte gli uomini si comportano peggio delle bestie.
時に人間は動物よりもひどい行動をします。

□ **biancheria** （シーツなど）リネン，洗濯物
関連 **biancheria intima** 下着
bucato 洗濯（物）

È preferibile inumidire la biancheria prima di stirarla.
アイロンをかける前に，洗濯物を湿らすほうがのぞましいです。

□ **bibita** 飲料，飲み物 関連 **bevanda** 飲料

Andiamo a comprare qualche bibita per la festa.
パーティー用に何か飲み物を買いに行きましょう。

☐ **bilancio** 収支，予算

Il bilancio per la salvaguardia ambientale è stato sensibilmente ridotto.

環境保全のための予算が著しく削減されました。

☐ **bordo** 機内，船内 関連 **a bordo di ...** ～に乗って

Questi articoli potranno essere acquistati a bordo al netto delle tasse.

これらの品物は機内において，税金を差し引いた金額でご購入いただけることになっています。

☐ **borgo** 村 関連 **villaggio** 村落，集落

Grazie a questo nuovo progetto turistico, in questo borgo tornerà di nuovo la vita.

この新たな観光企画のおかげで，この村に再び活気が戻ってくるでしょう。

☐ **bosco** 森，森林

In autunno, molti appassionati vanno nei boschi a cercare funghi.

秋になると大勢の愛好者たちが森に入ってキノコを探します。

☐ **bottega** 店，商店 / 工房

Molte vecchie botteghe non sono riuscite a sopravvivere dopo l'apertura del centro commerciale.

ショッピングセンターが開業してから，古い商店の多くは存続することができませんでした。

☐ **bottone** 男 (衣服の)ボタン，押しボタン，スイッチ

Mia moglie ha riattaccato un bottone alla mia camicia.

妻は僕のシャツのボタンを付け直してくれました。

□ **bracciale** 男 ブレスレット, (腕時計の)バンド
関連 **braccialetto** ブレスレット

Indossare tanti bracciali colorati è una delle novità della moda estiva di quest'anno.
色付きのブレスレットをたくさん身につけるのは, この夏のファッションの目新しさの一つです。

□ **bruciatura** やけど

In caso di bruciature, si consiglia di usare dell'acqua fredda.
やけどのときには, 冷たい水を使うのがおすすめです。

□ **buca** (地面に開いた)穴, (ゴルフの)ホール 関連 **buco** (小さな)穴

Quel giocatore è riuscito a mandare la palla in buca.
あの選手はうまくボールをカップインさせました。

□ **buddismo** 仏教

Il Buddismo è una delle più grandi religioni del mondo.
仏教は世界でもっとも大きな宗教の一つです。

□ **buio** 暗やみ

Torniamo all'albergo prima che faccia buio.
暗くなる前に, ホテルへ戻りましょう。

C ・・・・・・・・・・・・・・・・・・・・・・・・・・・・・・・・・・・・ 021

□ **caccia** 狩り, 狩猟 関連 **cacciatore** 男 **cacciatrice** 女 猟師

In queste zone la caccia è ancora molto praticata.
この地域では今でもよく狩りが行われています。

□ **calma** 静けさ, 落ち着き

Durante il giorno ho avuto moltissimo da fare e ora finalmente ho un momento di calma.
日中はとてもたくさんの用事があり，今ようやく落ち着いたところです。

☐ **calore** 男 熱，熱さ

Per convincere quelli che ascoltavano il suo discorso, ha parlato con calore.
彼の演説を聞いていた人たちを納得させようと，彼は熱弁をふるいました。

☐ **caloria** カロリー

Per una dieta equilibrata, è preferibile evitare gli alimenti ricchi di calorie.
バランスよくダイエットするには，高カロリーの食品を避けるのがのぞましいです。

☐ **calza** 靴下 関連 **calzettone** 厚手の長靴下

In quella bancarella cinque paia di calze costano solo 8 euro.
あの屋台の店では，靴下５足でたったの８ユーロです。

☐ **cambiamento** 変化，変更

Quest’anno, nel mio lavoro, dovrò affrontare molti cambiamenti.
今年は仕事において，私は多くの変化に向き合わなければならないでしょう。

☐ **campionato** 選手権

A Trieste si terrà la quarta edizione del campionato mondiale dei baristi.
トリエステでバリスタの第４回世界選手権大会が開催される予定です。

☐ **cancello** 柵，鉄格子の扉

Ci sono due bellissimi cipressi ai lati del cancello del giardino.
庭の鉄格子の扉の横には，たいへんきれいな糸杉が2本あります。

□ **cancro** 癌 / ((星座)) (Cancro) かに座

In medicina vengono scoperte sempre nuove terapie per la cura del cancro.
医学では，癌に対する新しい(治)療法が常に発見されています。

□ **canto** 声楽，歌曲 [関連] **canzone** 歌
conservatorio 音楽学校

Vado in Italia per studiare canto.
私は声楽を勉強しにイタリアへ行きます。

□ **capacità** 能力，腕前 / 収容能力

Il signor Innocenti ha dimostrato eccellenti capacità organizzative.
インノチェンティ氏は卓越した組織能力を発揮しました。

□ **capitale**[1] [女] 首都

Circa 1200 anni fa la capitale del Giappone fu trasferita da Nara a Kyoto e lì è rimasta per molto tempo.
約1200年前，日本の首都は奈良から京都へ移され，そこが長い間首都となりました。

□ **capitale**[2] [男] 資本

Hanno aperto un ristorante in una stazione balneare con un capitale di 150.000 euro.
彼らは15万ユーロの資本金で海辺のリゾート地にレストランをオープンしました。

□ **cappello** 帽子

Con questo vento freddo è meglio se ti metti il cappello.
このように風の冷たいときは，帽子をかぶったほうがいいよ。

□ **carattere** 男 性格，特徴 / 文字

Nonostante che siamo gemelli, siamo completamente diversi di carattere.
僕たちは双子ですが，まったく異なった性格をしています。

□ **carezza** なでること，愛撫

Giulia ha fatto una carezza al suo cane.
ジュリアは彼女の犬をなでてあげました。

□ **carriera** 経歴，キャリア 関連 **fare carriera** 出世する

Il dottor Neri ha una lunga carriera come economista.
ネーリ先生はエコノミストとしての長い経歴を持っています。

□ **cassa** レジ，(ふた付きの)箱 / (時計の)文字盤
関連 **cassaforte** 女 金庫

Si prega di fare lo scontrino alla cassa prima di ordinare.
注文する前に，レジでレシートをもらうようにしてください。

La cassa di quest'orologio è rotonda.
この時計の文字盤は丸いです。

□ **causa** 原因 関連 **a causa di ...** ～のせいで

Non c'è effetto senza causa.
原因がなければ結果はない。

A causa dei ritardi nel rinnovo del contratto, i sindacati hanno dichiarato uno sciopero per il 15 gennaio.
契約更新の遅れを理由に，各組合は1月15日にストライキの決行を宣言しました。

□ **cenno** 合図, サイン

Mi fece un cenno di saluto da lontano.
彼は遠くから, 私にあいさつのしぐさをしました。

□ **ceramica** 陶器 関連 **terracotta** テラコッタ
coccio 瀬戸物(のかけら)

La ceramica di queste zone è pregiata e molto famosa.
この地域の陶器は高価で, とても有名です。

□ **cerimonia** 儀式, セレモニー

Durante la cerimonia vennero eseguiti alcuni splendidi brani d'organo.
式の間, すばらしいオルガン曲が何曲か演奏されました。

□ **certezza** 確かさ, 確信

È sempre difficile fare previsioni con assoluta certezza.
絶対的な確信を持って予想するのはいつも難しいです。

□ **cifra** 数, 総額

Quella ditta investe sempre grosse cifre nella pubblicità.
あの会社はいつも広告に巨額を投じています。

□ **cima** 頂点, 頂上 関連 **da cima a fondo** 上から下まで, 隅々まで

L'agriturismo è collocato in una splendida posizione in cima alla collina.
アグリトゥーリズモのホテルは, この丘の頂上のすばらしい場所にあります。

□ **cintura** ベルト 関連 **cinturino** ひも, 細いバンド

Si pregano i gentili passeggeri di allacciare la cintura di sicurezza.

乗客のみなさんには，シートベルトを締めていただくようお願いします。

□ **circo** サーカス

Erano tanti anni che non andavo al circo.
私は何年もサーカスに行ってなかった。

□ **circostanza** 状況，事情 関連 **date le circostanze** こうした事情で，状況がこうなので

Inevitabili circostanze mi hanno impedito di partire per l'Italia.
やむを得ぬ事情で，私はイタリアへ出発できませんでした。

□ **civiltà** 文明

In Italia, numerose civiltà hanno lasciato tracce fin dai tempi più antichi.
イタリアでは，数多くの文明がはるか古代からの足跡を残しています。

□ **clima** 男 気候，風土

I cambiamenti di clima a livello planetario stanno causando gravi preoccupazioni.
地球規模での気候の変化は深刻な不安を引き起こしつつあります。

□ **coccio** 瀬戸物，(陶器などの)かけら 関連 **ceramica** 陶器

Per la cottura dei fagioli viene consigliata la pentola di coccio.
インゲン豆を煮るには，瀬戸物の鍋がおすすめです。

□ **coda** しっぽ，(行列などの)最後部

Michele era arrabbiato perché ha dovuto fare la coda.
ミケーレは長い列に並ばねばならなかったので怒っていました。

□ **cognato** 義兄(弟) 関連 **cognata** 義姉(妹)

Passeremo le vacanze nella villetta di mio cognato.
私たちは休暇を義兄の別荘で過ごします。

□ **collaborazione** 女 協力

Ho scelto Luca come assistente perché ha spirito di collaborazione.
私は助手にルーカを選びました。なぜなら，彼には協調性があるからです。

□ **collega** 男 女 同僚，仕事仲間 [男 複 colleghi / 女 複 colleghe]

I miei colleghi ed io abbiamo cominciato a lavorare ad un nuovo progetto.
同僚たちと私は，新しい企画に向けて取り組み始めました。

□ **collezione** 女 収集，コレクション 関連 **collezionista** 収集家

Mio zio fa collezione di francobolli.
私の叔父は切手のコレクションをしています。

□ **colloquio** 対談，面接

Ho avuto un colloquio con l'insegnante di mio figlio, perché ero preoccupata per i suoi brutti voti.
私は息子の教師と面談をしました。なぜなら息子のひどい成績が心配だったからです。

□ **colpa** 罪，過ち，責任

Non è colpa mia!
私のせいではないよ！

□ **colpo** 打撃，一撃，(スポーツで)打つこと 関連 **di colpo** 突然，いきなり

Il criminale ha sparato un colpo di pistola.
犯人はピストルを撃った。

Mi dia un colpo di telefono appena può.

できるだけ早く電話をください。

□ **commercio** 商業，取引 関連 **essere in commercio** 市販されている

Si sente parlare sempre più spesso di commercio equo e solidale.
公正で連帯した商売がますます話題に上っています。

Questa medicina non è ancora in commercio.
この薬はまだ市販されていません。

□ **compagnia** 会社，仲間 関連 **ditta** 会社
azienda 企業
società 会社，団体

Mio padre lavora in una compagnia aerea.
父は航空会社で働いています。

□ **compito** 役割，任務 関連 **fare i compiti** 宿題をする

Il direttore mi ha affidato un compito difficile.
部長は私に難しい任務を任せました。

□ **completo** スーツ，一揃いの服（装身具）

Questo completo nero, molto elegante, è adatto a tutte le occasioni formali.
この黒のスーツはとても上品で，どのような公式の場にもぴったりです。

□ **comportamento** ふるまい，態度

Il loro comportamento maleducato mi ha offeso.
彼らの無礼な態度に私はむっとしました。

□ **compressa** 錠剤

Questa medicina si trova in compresse o in confetti.

この薬は錠剤か，または糖衣錠にもなっています。

□ **comunicazione** [女] 伝達，通信 [関連] **essere in comunicazione con ...** ～と連絡を取り合っている，～とつながっている

A causa del maltempo, le comunicazioni telefoniche sono state interrotte per molte ore.
悪天候のため，電話での通信は長時間遮断されてしまいました。

□ **concentrazione** [女] 集中，専念

Si dice che il caffè aiuti ad aumentare la capacità di concentrazione.
コーヒーは集中力を高めるのを助けてくれると言われています。

□ **concetto** 概念，考え方

Questo concetto filosofico non è facile da capire.
この哲学の概念は簡単に理解できるものではない。

□ **conclusione** [女] 結論，結末 [関連] **in conclusione** 要するに，最後に

Alla conclusione delle trattative, si è riusciti a raggiungere un accordo.
交渉の結果，合意に達することができました。

□ **concorso** コンクール，コンテスト

Il concorso si svolge due volte all’anno.
そのコンクールは年に２回開催されます。

□ **conferenza** 講演，会議 [関連] **conferenza stampa** 記者会見

A Firenze si terrà una conferenza internazionale sul disarmo.
国際軍縮会議がフィレンツェで開かれる予定です。

☐ **conferma** 確認, 証拠

Devo chiederLe un'ultima conferma per l'albergo.
あなたにホテルの最終確認をお願いしないといけません。

☐ **confine** 男 境界

Quando si passa il confine, è necessario esibire il passaporto.
国境を越えるときには, パスポートを見せなければなりません。

☐ **conflitto** 争い, 衝突

Il conflitto fra i lavoratori e gli imprenditori si fa sempre più aspro.
労使間の対立は, ますます厳しくなっています。

☐ **congresso** (外交上, 国際的な)会議, (学術・政党の)大会, 学会

La dottoressa Esposito parteciperà al congresso della Società di Archeologia come interprete.
エスポジト女史は考古学学会に通訳として出席する予定です。

☐ **connazionale** 男 女 同国人

Sento nostalgia del mio Paese quando incontro i miei connazionali.
同国人に会うと, 郷愁の念を覚えてしまいます。

☐ **conoscenza** 知識 / 知り合い, 顔見知り 関連 **fare conoscenza con ...** / **fare la conoscenza di ...** ～と知り合いになる

Ha già fatto conoscenza con il dottor Luperini?
もうルペリーニ先生とはお知り合いでしたか？

Sono lieto di fare la Sua conoscenza.
あなたと知り合いになれてうれしいです。

Le sue conoscenze in questo campo sono molto approfondite.
彼のこの分野での知識は, とても深いものがあります。

☐ **conservatorio** 音楽学校

Stefania si è trasferita a Bologna per frequentare il conservatorio.
ステファーニャは音楽学校に通うためにボローニャへ引っ越しました。

☐ **considerazione** 女 熟慮 関連 **prendere in considerazione ...** ～を考慮する，～を頭に入れる

Per risolvere questo problema, è opportuno prendere in considerazione molti fattori.
この問題を解決するには，さまざまな要因を考慮に入れる必要があります。

☐ **consiglio** 助言，アドバイス

Spero che i miei consigli ti siano utili.
私のアドバイスが，あなたの役に立つといいのですが。

☐ **consumo** 消費，消耗 関連 **imposta dei consumi** 消費税

Per ridurre il consumo di energia nelle abitazioni, dobbiamo prima di tutto evitare gli sprechi.
住まいのエネルギー消費を減らすには，何よりもまずむだ遣いを避けなければなりません。

☐ **contrario** 反対，逆のこと 関連 **al contrario** 反対に
al contrario di ... ～とは違って

Giovanni doveva aver sonno: si è messo la maglietta al contrario.
ジョヴァンニは眠かったに違いないわ。だって，T シャツを後ろ前に着ていたのですもの。

Ha capito tutto il contrario di quello che volevo dire.
彼は私が言いたかったこととはまったく逆に理解していました。

☐ **controllo** 検査，監視 / 制御 関連 **controllo doganale** 通関検査

L'aeroporto era sotto stretto controllo.
空港は厳重に警戒されていた。

☐ **copia** コピー，写し / (本などの)冊，部

A volte succede che la copia di un quadro venga scambiata con l'originale.
時々，ある絵画のコピーとオリジナルとの取り違えが起こります。

Hanno deciso di ristampare diecimila copie di questo volume.
この本は１万部の増刷が決定しました。

☐ **coraggio** 勇気

Per affrontare quell'argomento, c'è voluto molto coraggio.
その問題に取り組むには，相当な勇気が必要だった。

Coraggio!
勇気を出して！ / さあ，やってみよう！

☐ **cornice** 額縁

Ho messo in cornice il dipinto che ho comprato a Roma.
私はローマで買った絵を額縁に入れました。

☐ **corpo** 体 関連 **corporatura** 体格，体つき

Il nuoto fortifica il corpo.
水泳は体を丈夫にしてくれます。

☐ **coscienza** 意識

Di' pure quello che credi: io ho la coscienza pulita.
思ったとおりに言ってくれ。僕は心にやましいことはないから。

☐ **costruzione** 女 建設，構造

Sai che stanno per iniziare la costruzione di un nuovo teatro?
新しい劇場の建設が始まろうとしているのを知ってる？

☐ **credito** 信用 関連 **carta di credito** クレジットカード

Le opinioni di quel giornalista godono di molto credito fra i lettori.
そのジャーナリストの見解は読者の間で大きな信用を得ています。

☐ **crisi** 女 [単複同形] 危機 関連 **essere in crisi** 危機的状況である

La loro relazione era un po' in crisi.
彼らの関係はやや危うかった。

☐ **critica** 批評，批判

Accetterò volentieri una critica, per quanto severa.
たとえ厳しくても，私はよろこんで批判を受け入れるつもりです。

☐ **critico** 男 **/ critica** 女 評論家，批評家

Questo libro è stato ben accolto dai critici.
この本は批評家たちに歓迎されました。

☐ **cucciolo** 子犬 関連 **cane** 犬

I miei amici mi hanno regalato un cucciolo di San Bernardo.
友人たちがセントバーナードの子犬をくれました。

☐ **cuore** 男 心，気持ち / 心臓

Ti assicuro che non ho preso questa decisione a cuor leggero.
あなたに誓って言うけど，この決断は軽い気持ちで下したわけではありません。

◇cuore は他の単語と結び付くとき cuor となることがあります。

☐ **cura** 世話 / 治療（法），ケア

Il medico prescrive una cura al paziente.
医師は患者に治療を施します。

☐ **curiosità** 好奇心

Sono andata a vedere quello spettacolo solo per curiosità.
私は単なる好奇心からその公演を見に行きました。

☐ **curriculum** 男 履歴書 関連 **curricolo** 履歴書

Ho presentato il mio curriculum a quella ditta.
私はその会社に履歴書を提出しました。

☐ **curva** カーブ

Poco più avanti, su questa strada c'è una curva pericolosa.
この道のすぐ先に急カーブがあります。

d 022

☐ **dama** 貴婦人

Per la festa di carnevale, Silvia si vestirà da dama del Medioevo.
カーニバルのパーティーで，シルヴィアは中世の貴婦人に扮するつもりです。

☐ **danno** 損害，損傷，被害

Le piogge prolungate di quest'anno hanno causato gravi danni.
今年の長く降り続いた雨は，重大な被害をもたらしました。

☐ **dato** 資料，データ 関連 **banche dati** データベース

I dati a nostra disposizione non sono sufficienti per una valutazione completa.
私たちが利用できるデータでは，完全な評価を下すには不充分です。

☐ **debito** 借金

A causa del fallimento dell'impresa, ha contratto molti debiti.
事業に失敗したことで，彼は大きな負債を背負いました。

☐ **decina** 10，約10

Fino a qualche decina d'anni fa, era impossibile pensare di portare un telefonino in tasca.
数十年前まで，ポケットに携帯電話を持ち歩くなんてあり得ないことでした。

☐ **delitto** 犯罪

La polizia sta indagando sul delitto.
警察が，その犯罪について調査しているところです。

☐ **deputato** 男 **/ deputata** 女 代議士，下院議員

Tutti gli elettori che hanno compiuto i 25 anni di età possono essere eletti deputati.
25 歳になった有権者は下院議員に選出されることができます。

☐ **descrizione** 女 描写，記述

La sua descrizione della guerra rivelava tutto l'orrore che aveva provato.
彼の戦争の描写は，自らが体験した恐怖を余すところなく表していました。

☐ **desiderio** 願い，希望，欲求

Dopo aver visto quel film, mi è venuto il desiderio di andare in Italia.
その映画を見て，私はイタリアへ行きたくなりました。

☐ **destinazione** 女 目的地

L'aereo è arrivato a destinazione in orario.
飛行機は時間どおりに目的地へ到着しました。

□ **detersivo** 洗剤

Quando lavo i maglioni, uso sempre un detersivo liquido.
セーターを洗うとき，私はいつも液体の洗剤を使います。

□ **diario** 日記

Quando ero adolescente, tenevo un diario.
若い頃，私は日記をつけていました。

□ **dietologo** 男 / **dietologa** 女 栄養学（食餌療法）の専門医
関連 **dietista** 栄養士
dietetica 栄養学
dieta ダイエット

Mia zia ha seguito una dieta per sei mesi, sotto la guida di un dietologo.
私の叔母は食餌療法の専門医の指導の下に，半年間ダイエットを続けました。

□ **difesa** 防御，保護

Per rafforzare le difese del nostro corpo dalle malattie da raffreddamento, è utile assumere anche della vitamina E.
冷えによる病気から身体を守る力をつけるにはビタミンEをとることも有効です。

□ **difetto** 欠点，短所 関連 **pregio** 長所

Tutti abbiamo i nostri pregi e i nostri difetti.
私たちの誰にでも長所と短所があります。

□ **dimensione** 女 次元 / 大きさ，寸法

Hanno misurato le dimensioni della stanza prima di portare i mobili.
家具を運ぶ前に，彼らは部屋の大きさをはかりました。

☐ **diminuzione** 女 減少 関連 **aumento** 増加

La diminuzione delle nascite è un problema in gran parte del mondo industrializzato.
出生の減少は，工業化された世界の大部分で問題となっています。

☐ **dimissione** 女 辞職，辞任（主に複数で用いる）

Arturo ha presentato una lettera di dimissioni al suo direttore.
アルトゥーロは彼の上司に辞表を提出しました。

☐ **diplomatico** 男 [diplomatici 男 複] / **diplomatica** 女 外交官

I diplomatici hanno concesso un'intervista ai giornalisti.
外交官たちは，記者たちの会見に応じました。

☐ **dirigente** 男 女 指導者，責任者

Il dirigente dell'agenzia mi ha telefonato a proposito del contratto.
代理店の責任者が，契約について私に電話をしてきました。

☐ **diritto** 権利

Votare non è solo un diritto, ma anche un dovere.
投票は権利であるだけはなく，義務でもあるのです。

☐ **disastro** 災害，大惨事 / ひどい失敗

Guarda che disastro! La mia camicetta bianca è diventata tutta rosa!
見てよ，このひどいありさま！　私の白いブラウスがみんなピンクになってしまったわ！

□ **discesa** 下がること，降下 関連 **aumento**（気温・物価の）上昇

Pioverà prolungatamente con temperature in costante discesa.
雨は長く降り続き，気温はますます下がるでしょう。

□ **disciplina** 規律，教え

Vi preghiamo di rispettare la disciplina.
みなさんに規律を守るようお願いします。

□ **discussione** 女 議論，討論 / 口論，けんか

Quel problema è ancora in discussione.
その件はまだ協議中です。

□ **disgrazia** 不運，災難 関連 **per disgrazia** 運が悪いことに

La disgrazia è successa ieri sera, alla periferia di Milano.
昨夜，ミラノの近郊で不幸な出来事がありました。

□ **disordine** 男 無秩序，混乱 関連 **in disordine** 散らかった，乱れた

Mio figlio lascia sempre la camera in disordine.
うちの息子は，いつも部屋を散らかしたままなのよ。

□ **disposizione** 女 配置 / 素質 関連 **essere a disposizione** 意のままになる

In ogni aula, un computer è a disposizione del docente.
各教室に教員用のパソコンが備え付けてあります。

L'insegnante ritiene che mia figlia abbia disposizione per la musica.
その先生は，私の娘には音楽の素質があると思っています。

□ **distanza** 距離，間隔
関連 **comando a distanza** リモコン（**telecomando**も「リ

モコン」を表し，主にテレビやＡＶ機器に用いる）

Che distanza c’è fra Milano e Torino?
ミラノとトリノの間は，どのくらい距離がありますか？

Questo condizionatore è fornito di comando a distanza.
このエアコンにはリモコンが付いています。

□ **divisa** 制服，ユニホーム

Le nuove divise della squadra sono molto belle.
そのチームの新しいユニホームはとてもかっこいい。

□ **divorzio** 離婚

È certo che, a causa del divorzio, qualcosa in lui è cambiato.
離婚が原因で，確かに彼のなかで何かが変わりました。

□ **documentario** ドキュメンタリー，記録映画

Mi piace vedere i documentari in TV.
私はテレビでドキュメント番組を見るのが好きです。

□ **dono** 贈り物 / 素質，天賦の才

Per averli accompagnati in giro per Tokyo, ho ricevuto in dono una cravatta.
彼らに東京を案内したお礼にネクタイをもらいました。

Invidio davvero chi ha il dono di saper disegnare.
私は絵を描ける人が本当にうらやましいです。

e 023

□ **eccellenza** 優秀，卓越 関連 **per eccellenza** この上なく，最高に

La Ferrari è considerata l’auto per eccellenza.
フェラーリは最高に優れた車と見なされています。

□ **edizione** 女 (書籍の)版 / (定期的な)催し, イベント

È uscita la seconda edizione del suo libro.
彼の著書の再版が出ました。

Si è tenuta la ventesima edizione della Mille Miglia.
第 20 回目のミッレミリアが開催されました。

□ **effetto** 結果 / 効果 関連 **in effetti** 事実, 実際には

Il rimedio non ha avuto nessun effetto.
その治療は何の効果もありませんでした。

In effetti, quando Silvia ha deciso di lasciare il suo ragazzo, non aveva nessun torto.
事実, シルヴィアが彼との別れを決めたとき, 彼女には何の落ち度もありませんでした。

□ **elemento** 要素, 材料

Posso senz'altro affermare che uno degli elementi del successo di questa azienda è l'impegno degli impiegati.
この企業が成功した要素の一つは, 従業員の熱心さにあると間違いなく断言できます。

□ **elettricità** 電気

Ieri sera è mancata l'elettricità.
昨夜停電がありました。

□ **elezione** 女 選挙(しばしば複数形で使われる)

Il partito spera di ottenere più seggi alle prossime elezioni.
党は次の選挙で議席をさらに増やしたいと望んでいます。

□ **ente** 男 法人, 協会, 機関

Ulteriori informazioni possono essere richieste all'ente provinciale per il turismo.

さらなる情報は県の観光局にお問い合わせいただけます。

☐ **entusiasmo** 熱狂，歓喜

Si è dedicato al progetto con grande entusiasmo.
彼はたいへんな意気込みで計画に打ち込みました。

☐ **episodio** 挿話，エピソード

Monica mi ha raccontato un episodio imbarazzante.
モニカは困ったエピソードを私に話してくれました。

☐ **epoca** 時代，時期

In quell'epoca, il cavallo rappresentava il principale mezzo di trasporto.
あの時代は，馬が主要な輸送手段でした。

☐ **equilibrio** 均衡，バランス

Emilia ha perso l'equilibrio ed è finita in acqua.
エミリアはバランスを崩して，水の中に落ちてしまいました。

☐ **equilibrista** 男 女 軽業師，曲芸師 関連 **acrobata** 曲芸師

Al circo mi sono piaciuti molto gli equilibristi.
サーカスで私は軽業師がとても気に入りました。

☐ **esigenza** 要求，必要

La loro politica non soddisferà le esigenze dei tempi.
彼らの政策は時代の要求を満たすことはないでしょう。

☐ **esperimento** 実験

Siamo contro gli esperimenti nucleari.
私たちは核実験に反対しています。

☐ **esportazione** [女] 輸出 [関連] **importazione** 輸入

Quest'anno sono aumentate le esportazioni verso il Giappone.
今年は日本向けの輸出が増えました。

☐ **esposizione** [女] 展示, 展覧会

Quest'esposizione di opere di calligrafia è organizzata da un circolo di cultura giapponese di Roma.
この書道作品展は, ローマの日本文化サークルによって催されます。

f

024

☐ **facoltà** (大学の)学部 / 能力, 機能

Giorgio è stato ammesso alla Facoltà di Medicina.
ジョルジョは医学部入学を認められました。

☐ **fantascienza** SF, 空想科学小説

Quando sono in vacanza, mi piace passare il tempo leggendo libri di fantascienza.
休みのとき, 私はSF小説を読んで過ごすのが好きです。

☐ **farina** 小麦粉

Ho aggiunto acqua alla farina e ho impastato il tutto.
私は小麦粉に水を加え, 全体を練り合わせました。

☐ **fascia** 帯, バンド / 地帯, 区域

Portava una fascia nera intorno al braccio in segno di lutto.
彼は哀悼のしるしに黒の腕章をしていました。

☐ **fase** [女] 段階, 局面, 時期

La sua ricerca è entrata in una nuova fase.
彼の研究は新しい段階に入りました。

□ **fastidio** 不快感，迷惑 / 煩わしさ，面倒

Vorrei ascoltare un po' di musica se non ti dà fastidio.
君に迷惑でなければ，ちょっと音楽を聴きたいのだけど。

□ **fatica** 苦労，努力 / 疲労

Stamattina avevo pulito tutta la casa, ma i bambini si sono messi a giocare e ora è di nuovo sporca ... tutta fatica sprecata!
今朝家中を掃除したのだけれど，子供たちが遊び出したら，今また汚れてしまって…　まったくむだな労力だわ！

□ **fatto** 出来事，事実 関連 **di fatti** 実際，実のところ

Il fatto è che ha ragione lui.
彼が正しいのは事実です。

□ **fattore** 男 要因，要素

Molti fattori contribuiscono al successo di un progetto.
多くの要因が計画の成功に役立ちます。

□ **fattura** 請求書

Le spediremo la fattura entro domani.
明日までに請求書をお送りしましょう。

□ **federazione** 女 連盟，連合 / (スポーツの)協会

Un dirigente della Federazione calcistica internazionale ha avanzato proposte interessanti per la prossima Coppa del Mondo.
国際サッカー連盟(FIFA)の幹部が，次回のワールドカップについて興味深い提案をしました。

□ **fegato** 肝臓，レバー 関連 **mangiarsi il fegato** 怒り苦しむ

Chi beve molto potrebbe avere problemi al fegato.

酒量の多い人は肝臓に問題を抱えることになるでしょう。

Per colpa sua mi sono mangiato il fegato dalla rabbia.
彼のせいで，僕は怒り心頭だよ。

□ **felicità** 幸福

I soldi non danno la felicità, ma aiutano!
お金は幸福を与えない（＝お金で買えないものもある）が，役には立つ！

□ **femmina** 女性，（動物の）雌 関連 **maschio** 男性，（動物の）雄

Paola ha tre figli, un maschio e due femmine.
パオラには３人子供がいて，１人は男で２人が女です。

□ **fenomeno** 現象 / 並外れた人物

Purtroppo il bullismo sta diventando un grave fenomeno sociale.
残念ながら，いじめは深刻な社会現象になりつつあります。

Quel giocatore è un fenomeno!
あの選手は怪物だ！

□ **feria** 平日 / 複 休暇 関連 **giorno feriale** 平日

Prenderò una settimana di ferie in novembre.
私は 11 月に１週間の休暇を取るつもりです。

□ **ferita** 傷，けが

I due automobilisti hanno riportato solo ferite leggere.
２人の運転手は軽傷を負っただけでした。

□ **ferro** 鉄 関連 **ferro da stiro** アイロン
ai ferri （調理法）網焼きの

Il treno è passato sul ponte di ferro.
電車は鉄橋を渡りました。

Battere il ferro finché è caldo.
(諺)鉄は熱いうちに打て。

☐ **fiamma** 炎

In inverno è molto piacevole riscaldarsi alla fiamma del focolare.
冬に炉端の火で体を温めるのはとても心地よいです。

☐ **fianco** わき腹, 側面 / 複 腰 関連 **di fianco a ...** ～の隣に

Di solito dormo su un fianco.
いつも私は横向きに眠ります。

Dal quarto piano posso vedere un piccolo parco che sta di fianco al palazzo.
5階(＝1階を除いた4番目の階)から, 建物の隣にある小さな公園が見えます。

☐ **fiducia** 信用, 信頼 / 自信

Non ho molta fiducia in lui.
私は彼をあまり信頼していません。

☐ **figura** 姿, 形, 容姿 / 図, (絵画などの)人物像, (歴史や作品の)登場人物 / 印象, 見栄え

関連 **fare bella figura** 好印象を与える, 成功する

Il taglio di questo abito snellisce la figura.
このドレスのカットは体を細く見せます。

Se volete fare bella figura con ospiti importanti, questo è il ristorante giusto!
大切なお客様によい印象を与えたいなら, ここはぴったりのレストランです！

☐ **fila** 列

Avevamo dietro una lunga fila di automobili.
私たちの後ろには長い車の列ができていました。

□ **filo** 糸, 線

Devo andare a comprare il filo per riattaccare il bottone alla camicia.
私はシャツのボタンを付け替えるのに糸を買いにいかなければなりません。

□ **filosofia** 哲学

La filosofia greca antica è alle origini di gran parte del pensiero occidentale.
古代ギリシャの哲学は, 西洋思想の大部分の元になっています。

□ **fisico** 体格, 体つき / 物理学者

Per avere un fisico atletico, è importante allenarsi con costanza.
運動選手らしい体を作るには, 着実にトレーニングすることが大切です。

□ **fiume** 男 川 関連 **corrente del fiume** 川の流れ
torrente 急流

D’autunno i salmoni risalgono lungo questo fiume.
秋になると鮭がこの川をのぼってきます。

□ **foglia** 葉

In Giappone, quando viene l’autunno, molti vanno ad ammirare le foglie rosse degli aceri giapponesi.
日本では秋になると, 大勢の人がもみじの葉が紅く色づくのを眺めに行きます。

□ **folla** 群衆, 人混み

Non ci si può muovere con tutta questa folla.
こんなに混雑していては身動きがとれません。

□ **fontana** 泉，噴水

Ci vediamo vicino alla fontana al centro della piazza.
広場の中央にある噴水の辺りで会いましょう。

□ **fonte** 女 水源 / 源，出所 / 出典，典拠

Fonti affidabili hanno confermato la notizia.
信頼できる情報源が，そのニュースを裏づけました。

□ **forma** 形，型，形式 /（スポーツ選手などの）体調，（病気の）症状
関連 **essere in forma** 体調がよい

Mi piace questo portapenne a forma di gatto.
私はこの猫の形のペン立てが好きです。

Tutti gli attaccanti sono in buona forma.
フォワード陣はみんな好調です。

Porta molto bene i suoi 80 anni, è in ottima forma.
彼女（彼）は 80 歳のわりには若く見えて，ご健在です。

□ **formazione** 女 形成，育成 /（スポーツの）陣形，フォーメーション

L’ambiente esercita una grande influenza sulla formazione della personalità.
環境は人格形成に大きな影響を及ぼします。

□ **formula** （文書の）書式，（数学の）公式 /（競技会などの）方式，方法，原則

Se applichiamo la formula che abbiamo studiato, otteniamo questo risultato.
私たちが勉強した公式を用いれば，この答えが出ますよ。

□ **frangia** 房飾り，フリンジ / 前髪

Le propongo questa borsetta con frange di perline dorate e brillanti.
こちらの，金色に輝くビーズのフリンジの付いたハンドバッグをあなたにおすすめします。

□ **frase** 女 語句，フレーズ，文

Non capisco cosa voglia dire questa frase.
この文がどういう意味なのかわかりません。

□ **frutto** （植物の）実 / 収穫，成果 関連 **frutti di mare** （料理）海の幸

In Italia vengono coltivati molti alberi da frutto.
イタリアでは多くの果樹が栽培されています。

Questo articolo è il frutto delle loro ricerche.
この記事は彼らの調査の成果です。

□ **fuga** 逃亡，逃走 / 流出 関連 **darsi alla fuga** 逃げ出す

Attenzione alle fughe di gas.
ガス漏れに注意せよ。

Quando è venuto il poliziotto, si sono dati alla fuga.
警官がやって来ると，彼らは逃げ出しました。

□ **fulmine** 男 雷，電撃 関連 **colpo di fulmine** 一目ぼれ

Roberto e Teresa si sono incontrati per caso a casa di amici, ed è stato il classico colpo di fulmine.
ロベルトとテレーザは友人の家で偶然に出会いましたが，それは典型的な一目ぼれでした。

□ **funerale** 男 葬式，葬儀

Domani si svolgeranno i funerali del famoso scrittore.
明日，その有名な作家の葬儀が執り行われます。

□ **funzione** 女 職務，仕事 / 機能，働き
関連 **essere in funzione** 作動している

Quali funzioni svolge in questa organizzazione?
この組織であなたはどんな役割を担っていますか？

Il condizionatore d’aria è in funzione.
エアコンは稼働中です。

□ **furto** 窃盗

Per evitare i furti, molti negozi utilizzano telecamere a circuito chiuso.
盗難を避けるために，多くの店が閉回路テレビカメラを利用しています。

g 025

□ **gabinetto** （役職者などの）執務室 / 診察室 / 官房 / 内閣 / トイレ，便器

Il capo di gabinetto ha convocato i suoi collaboratori.
次官は協力者たちに召集をかけました。

□ **gancio** 鈎（かぎ），フック

Le chiavi erano appese ad un gancio.
鍵はフックに掛かっていました。

□ **gara** 競技，レース，コンテスト

Beppe ha partecipato ad una gara di tiro a segno.
ベッペは射撃競技に参加しました。

□ **garage** 男［無変化］車庫，ガレージ

Ho parcheggiato la macchina in garage.
私は車をガレージに停めました。

□ **garanzia** 保証

Questo apparecchio ha una garanzia di tre anni.
この機器は３年間の保証付きです。

□ **gemello** 男 **/ gemella** 女 双子の一方, [複 gemelli 男 / gemelle 女] 双子 関連 **Gemelli** ((星座)) 双子座

Nonostante che siano gemelli, hanno temperamenti completamente diversi.
彼らは双子ですが, 気性はまったく違います。

□ **generazione** 女 世代, 同時代の人々

Per le persone della mia generazione, a volte non è facile capire la mentalità dei giovani di oggi.
私の世代の人たちには, 今の若者の考え方を簡単には理解できないときもあります。

□ **geografia** 地理

Non conosco bene la geografia del Giappone.
私は日本の地理をあまり知りません。

□ **gesto** 身ぶり, しぐさ, ジェスチャー

Se non si parla una lingua, talvolta è necessario spiegarsi a gesti.
ある言葉が話せないときには, 身ぶり手ぶりで意志を伝えることも必要です。

□ **ghiaccio** 氷

Il cameriere ha messo in ghiaccio una bottiglia di vino bianco.
ウエイターは白ワインのびんを氷で冷やしました。

□ **gioco** 遊び, ゲーム / 競技, 試合, 賭け事

関連 **videogioco** テレビゲーム

giochi olimpici 複 オリンピック競技

Ogni bel gioco dura poco.
楽しい遊びはすぐに終わってしまいます。

Quando sono tornati i genitori, i bambini stavano facendo un videogioco.
両親が帰って来たとき，子供たちはテレビゲームをしていました。

□ **gioia** よろこび，楽しみ

La signora mi ha accolto con gioia.
その女性はよろこんで私を迎えてくれました。

□ **giovanotto** 青年 関連 **giovane** 男 女 若者，青年

Come sei cresciuto! Sei diventato proprio un bel giovanotto!
何て大きくなったの！　まったく立派な青年になったわね！

□ **giudice** 男 女 裁判官，判事

Il giudice ha stabilito la cifra per il risarcimento del danno.
裁判官は損害の賠償額を決めました。

□ **giudizio** 判断，評価 / 裁判

È molto difficile dare un giudizio positivo sulla situazione.
その状況に肯定的な評価を下すのはとても難しいです。

□ **giuria** （コンクールなど）審査員 / ((法律)) 陪審員

関連 **sistema della giuria popolare** 陪審制度

La giuria ha assegnato il primo premio al concorrente tedesco.
審査員はドイツ人の参加者に1等賞を授けました。

Nel 2009 anche il Giappone ha adottato il sistema della giuria popolare.

2009 年に日本でも陪審員制度が採用されました。

□ **giustizia** 正義，公正さ / 司法，裁判

Il Presidente della Repubblica ha tenuto un discorso sul tema della giustizia.

（イタリア）共和国大統領は司法をテーマに演説を行いました。

□ **golosità** 食い意地，大食 / ごちそう，珍味

Fra poco arriverà sulle nostre tavole una vera e propria golosità di stagione.

まもなく正真正銘の季節のごちそうが私たちの食卓に届くでしょう。

□ **governo** 政府，内閣

Il governo italiano ha annunciato nuove misure per incrementare la crescita economica.

イタリア政府は経済成長を促すための新政策を発表しました。

□ **grado** 段階，（角度・温度などの）度

Oggi la temperatura salirà oltre i 35 gradi.

今日の気温は 35 度を上回るでしょう。

□ **gruppo** グループ，集団

Il gruppo di turisti ascoltava attentamente le spiegazioni della guida.

観光客の一団は，ガイドさんの説明を注意深く聞いていました。

□ **guardaroba** 男 [無変化] 衣装部屋，クローゼット / クローク

Ho già lasciato il cappotto al guardaroba.

私はもうコートをクロークに預けてきました。

□ **guardia** 警備，管理 / 見張り，警備隊（員）

Le guardie all'ingresso dell'ambasciata controllavano i documenti di tutti quelli che volevano entrare.
大使館の入口の警備員は，入館したい人全員の身分証明書を調べていました。

□ **guerra** 戦争

Vorrei che tutte le guerre finissero.
すべての戦争が終わってくれたらいいのに。

□ **guida** 案内，手引き，ガイドブック / 案内人，ガイド

Mi sono affidata alla guida di un esperto.
私は専門家の案内に任せました。

La guida che ho comprato è davvero ottima: ho girato tutta la città senza nessun problema.
私が買ったガイドブックはたいへん優れています。まったく問題なく町中を散策しましたよ。

□ **gusto** 味覚，味 / 好み

Questo negozio è famoso perché ha il gelato in più di cinquanta gusti.
この店は，ジェラートの味が 50 種類以上あるので有名です。

Questo disegno dovrebbe essere di suo gusto.
このデザインは彼の好みに合いそうです。

i 026

□ **immagine** [女] 像，姿，イメージ

La bella immagine del monte si riflette sul lago.
その山の美しい姿が湖面に映っています。

□ **impianto** 設備，施設

La casa del nonno è molto vecchia: dobbiamo rifare l’impianto elettrico e quello idrico il prima possibile.
祖父の家はたいへん古いです。できるだけ早く電気と水道の設備を取り替えてあげなければなりません。

☐ **importanza** 重要性

L’esperienza ha grande importanza per il lavoro.
仕事には経験がたいへん重要です。

☐ **importazione** [女] 輸入 関連 **esportazione** [女] 輸出

Il problema è che c’è una sproporzione tra importazioni e esportazioni.
問題は輸入と輸出が不均衡であることです。

☐ **impresa** 計画, 企て / 事業, 企業

Nel giro di pochi anni, quell’impresa ha sviluppato notevolmente il proprio giro di affari.
わずか数年の間に, その企業は総売上高を著しく成長させました。

☐ **incontro** 対戦, 対抗試合 / 出会い / 会談, 会見

Il pronostico per il prossimo incontro contro il Milan dovrebbe essere favorevole.
次のミランとの対戦予想は有利なはずです。

Il nostro primo incontro risale ormai a più di vent’anni fa.
僕たちの最初の出会いは, もう 20 年以上前にさかのぼります。

☐ **indagine** [女] 研究, 調査, 捜査 関連 **ricerca** 研究, リサーチ

La polizia sta proseguendo le indagini senza escludere nessuna ipotesi.
警察はすべての仮説を排除することなく, 捜査を続けています。

☐ **indicazione** [女] 指示, 表示, 標識

L'ingresso dell'autostrada è segnalato dalle indicazioni.
高速道路の入口は標識で示されています。

□ **indipendenza** 独立, 自立

Andrea è un giovanotto con un forte spirito di indipendenza.
アンドレーアは独立心の強い青年です。

□ **indirizzo** 系統, 方針, 進路 / 住所

All'università mia figlia farà Lettere e Filosofia con indirizzo linguistico.
大学では, 私の娘は文哲学部の言語学系に進むつもりです。

□ **infanzia** 幼年時代

Il nonno ci ha raccontato la storia della sua infanzia.
祖父は私たちに少年時代の話をしてくれました。

□ **insegna** 紋章, 勲章 / 看板, 標識 / 旗印, モットー 関連 **all'insegna di ...** (主義・主張などの)もとに, ～を合言葉に

Ha condotto la propria campagna elettorale all'insegna della riduzione delle tasse.
税金の引き下げをスローガンに, 彼は選挙運動を行いました。

□ **insetto** 虫, 昆虫

Contro gli insetti e le zanzare, questo è il prodotto più efficace.
これは虫や蚊の対策に最も効果的な製品です。

□ **intelligenza** 知能, 知性 / 理解力

Lucio è un uomo dotato di grande intelligenza.
ルーチョはすばらしい知性を備えた男です。

□ **interesse** 男 興味, 関心 / 利益, 利子

Marco è una persona ricca di interessi: conosce bene il cinema, la musica e la letteratura, ma ama anche lo sport.
マルコは好奇心旺盛な人です。映画や音楽や文学をよく知っていながら，スポーツも大好きです。

☐ **internista** 男 女 内科医 関連 **chirurgo** 外科医

Il dottore mi ha consigliato una visita specialistica da un internista.
先生は私に内科の専門医による診察をすすめてくれました。

☐ **intervista** インタビュー

Nel corso dell'intervista, quel famoso politico ha espresso le proprie opinioni sull'attuale situazione internazionale.
インタビューのなかで，その著名な政治家は現在の国際情勢についての見解を明らかにしました。

☐ **ipotesi** 女 仮説，仮定

Nella migliore delle ipotesi avremo il risultato venerdì.
私たちは，いちばんよくて金曜日にその結果がわかるでしょう。

☐ **istante** 男 瞬間 関連 **in un istante** 一瞬のうちに

In quell'istante ho capito che tipo di persona fosse.
その瞬間，私は彼がどのような人物かわかりました。

☐ **istituto** 機関，研究所，学校
関連 **Istituto italiano di Cultura** イタリア文化会館
istituto di bellezza エステティックサロン

In questa zona universitaria si trova un famoso istituto di ricerca medica.
この大学の敷地には，有名な医学研究所があります。

☐ **istruttore** 男 / **istruttrice** 女 インストラクター，コーチ，指導者

Fabio faceva l'istruttore di volo.
ファビオは飛行訓練士をしていました。

L 027

☐ **laboratorio** 実験室，研究所，工房

Questo laboratorio è specializzato nella ricerca sulla fisica delle particelle.
この実験室は素粒子物理学に関する研究を専門にしています。

☐ **lacrima** 涙

Ascoltando la storia della sua vita, mi sono venute le lacrime agli occhi.
彼の人生の話を聞いているうちに，私の目に涙が浮かんできました。

☐ **lancetta** （時計・量りなどの）針

Le lancette dell'orologio della torre segnano mezzogiorno in punto.
塔の時計の針がちょうど正午を指しています。

☐ **laurea** 学位，学士号（学部卒業者の称号としてはdottore, dottoressaが用いられる） 関連 **tesi di laurea** 卒業論文

Dopo la laurea, intendo passare un periodo di studio all'estero.
大学卒業後，私はしばらく外国で勉強したいと思っています。

☐ **lavanderia** クリーニング店
関連 **tintoria** クリーニング店（染色・染み抜きもする）

Devo andare in lavanderia a ritirare il vestito di seta.
私はクリーニング店へシルクの洋服を引き取りに行かなければなりません。

□ **lavandino** （キッチンの）流し，洗面台 関連 **acquaio** 流し

Mi è caduto l’anello nel lavandino.
私は洗面台の中に指輪を落としてしまいました。

□ **lavatrice** 女 洗濯機

Questa lavatrice ha molti programmi di lavaggio, adatti sia ai capi più delicati che a quelli più pesanti.
この洗濯機には洗い方の機能がたくさんあり，極めてデリケートな生地に対応する機能もあれば，かなり厚手のものに対応する機能も付いています。

□ **legge** 女 法律 関連 **diritto** 権利，法律

La legge è uguale per tutti.
法律は万人に平等です。

□ **lente** 女 レンズ 関連 **lenti a contatto** コンタクトレンズ

Ho usato per molti anni gli occhiali, ma dall’anno scorso ho cominciato ad usare le lenti a contatto.
私は長年眼鏡を使っていましたが，去年からコンタクトレンズを使い始めました。

□ **limite** 男 限界 / （国などの）境界 関連 **al limite** 最低でも，少なくとも

Ti aiuterò nei limiti del possibile.
私のできる範囲で手伝いましょう。

□ **lista** リスト，一覧表，名簿

Facciamo la lista delle cose da comprare per la festa.
パーティーのための購入品のリストを作りましょう。

□ **locale** 男 店，飲食店 / 部屋

Dicono che in quel locale si mangi bene.

あの店はうまいと評判です。

L'appartamento che ha comprato è di due locali con cucina abitabile.
彼が買ったマンションは2DKです。

□ **lotta** 戦い，闘争 / レスリング

La lotta contro la droga è sempre più complessa e difficile.
麻薬との闘いは，ますます複雑で難しくなっています。

□ **lotteria** 宝くじ，福引

Il fortunato vincitore della lotteria riceverà cinque milioni di euro.
幸運にも宝くじに当選した人は，500万ユーロを受け取ることになるでしょう。

□ **lunghezza** 長さ

Giulietta è quella ragazza alta e magra, con gli occhiali e i capelli castani di media lunghezza.
ジュリエッタは，背が高く痩せていて，メガネをかけ，栗色のセミロングの髪をした，あの女の子です。

□ **lusso** ぜいたく，豪華

Non posso permettermi di comprare questi articoli di lusso.
私にはこれらのぜいたく品を買う余裕はありません。

m ······························· 028

□ **maggioranza** 大多数，大部分 関連 **minoranza** 少数派，少人数

La grande maggioranza degli italiani preferisce passare le vacanze al mare.
イタリア人の大多数が，海でバカンスを過ごすほうを好みます。

□ **maltempo** 悪天候

Il ritardo del volo è dovuto al maltempo.
そのフライトの遅れは悪天候によるものです。

□ **maniera** やり方, 方法 / 習慣 / (複数で)態度, 礼儀作法
関連 **alla maniera di ...** ～の習慣に従って

Mi piace il professor De Luca, perché parla in maniera molto chiara e comprensibile.
とても明快でわかりやすい話し方をするので, 私はデ・ルーカ先生が好きです。

Con le buone maniere si ottiene tutto.
(諺)礼儀正しければすべてを得る。

□ **manifestazione** 女 イベント, 催し物 / デモ

Alla manifestazione contro il nucleare ha partecipato molta gente.
核に反対するイベントに大勢の人が参加しました。

□ **margine** 男 縁, へり / 余白, 余裕

Ho segnato alcuni appunti a margine del testo.
テキストの隅にいくつかメモを書き留めました。

È meglio andare in ufficio, domani, con un certo margine di tempo, perché ci sarà sciopero degli autobus.
明日バスのストライキがあるかもしれないので, 時間のゆとりを持って会社へ行ったほうがいいです。

□ **marmo** 大理石

Michelangelo stesso scelse il marmo per scolpire la *Pietà*.
ミケランジェロは「ピエタ像」を彫るために自ら大理石を選びました。

□ **maschio** 男性, (動物の)雄 関連 **femmina** 女性, (動物の)雌

Hanno tre figli: due maschi e una femmina.
彼らには３人の子供がいます。男２人に女１人です。

□ **massa** かたまり / 多数，集団 [関連] **in massa** 大勢で，集団で

I fumetti giapponesi sono ormai parte della cultura di massa in tutto il mondo.
日本のマンガは今や世界中の大衆文化の一部です。

□ **materia** 論題，問題 / 教科 / 物質，素材

Nessuno sa spiegare questa materia bene come il professor Martelli.
この問題についてマルテッリ先生ほどうまく説明できる人はいません。

Quello studente ha ottenuto buoni voti in tutte le materie.
あの学生はすべての科目で優秀な成績を取りました。

□ **materiale** [男] 材料，原料 / (論文などの)資料

Per la tesi di laurea, ho bisogno di raccogliere materiali sulla civiltà cretese.
卒業論文のため，私はクレタ文明についての資料を集める必要があります。

□ **Medioevo** 中世

A Carnevale mi vestirò da dama del Medioevo.
カーニバルで，私は中世の貴婦人に扮するつもりです。

□ **meditazione** [女] 瞑想，熟考

Recentemente molti si dedicano alla pratica della meditazione.
最近多くの人が瞑想の実践に打ち込んでいます。

□ **membro** [[複] i membri]一員，メンバー / [[複] le membra]手足，四肢

Il coro è formato da trenta membri.
コーラス隊は30人で構成されています。

Un famoso disegno di Leonardo illustra la proporzione delle membra.
レオナルド(・ダ・ヴィンチ)の有名なデッサンは，四肢の均衡を図解しています。

□ **menta** ミント，ハッカ

La menta è molto adatta alla preparazione di questa bevanda estiva, fresca e gradevole.
ミントはこのさっぱりしておいしい夏の飲物を作るのにぴったりです。

□ **mente** 女 頭脳，精神，心／記憶 関連 **avere a mente** 覚えている

Mi è venuta in mente una buona idea.
いい考えが心に浮かびました。

Mi ricordo ancora a mente molte poesie che ho imparato alle medie.
私はまだ，中学校で習った詩をたくさん覚えています。

□ **meraviglia** 驚き，感心

Che meraviglia! Le candele, i fiori … queste decorazioni sono stupende!
驚きだなあ！　ろうそく，花…　これらの装飾は見事だよ！

□ **merito** 功績，手柄／長所，価値

Il successo di questo progetto è certo tutto merito suo.
この計画の成功はひとえに彼の功績です。

□ **mestiere** 男 職業，仕事／腕前，手並み

Purtroppo molti mestieri tradizionali stanno andando a sparire.

残念なことに，多くの伝統的な仕事が姿を消しつつあります。

□ **metallo** 金属 [関連] **acciaio** 鋼鉄

Questi orologi hanno il cinturino in metallo.
これらの時計には金属のバンドが付いています。

□ **metodo** 方法，手順

Mia nonna curava il raffreddore con un metodo naturale: preparava un infuso di vino, buccia d’arancia e erbe.
祖母は自然な方法で風邪を治していました。彼女はワインとオレンジの皮と薬草を煎じていました。

□ **migliaio** [[複] le migliaia]およそ1000
[関連] **mille** 1000
un milione 100万（un milione di yen 100万円）

Migliaia di persone lavorano nel settore turistico in questa città.
この町では数千人の人が観光業界で働いています。

□ **minimo** 最小，最少，最低 [関連] **massimo** 最大

Come minimo, dobbiamo calcolare una decina di giorni per il completamento del progetto.
その計画の達成には最低でも 10 日前後を計算に入れなければならないでしょう。

□ **ministero** 省 / 内閣 [関連] **agenzia** 庁

Questo Istituto dipende dal Ministero degli Affari Esteri.
この機関は外務省に属しています。

□ **ministro** 大臣，閣僚
[関連] **Primo Ministro**（日本・イギリスなどの）首相

Presidente del Consiglio （イタリアの）首相

Presidente della Repubblica （イタリア共和国）大統領

Si è dimesso dalla carica di ministro a causa dello scandalo.
スキャンダルが原因で，彼は大臣の職を辞しました。

☐ **miracolo** 奇跡 関連 **per miracolo** 奇跡的に，不思議なことに

Durante la guerra in Russia, mio nonno è scampato alla morte per miracolo.
ロシアでの戦争中，祖父は奇跡的に死を逃れました。

☐ **miscela** 混合（物），（コーヒーの）ブレンド

Questo tè è una miscela di erbe aromatiche prodotte in Asia.
このお茶はアジア産の香りのよいハーブをブレンドしたものです。

☐ **miseria** 貧困，みじめさ

Quei soldati ci hanno raccontato le miserie della guerra.
その兵士たちは私たちに戦争の痛ましさを語ってくれました。

☐ **mistero** 神秘，謎，不思議

Quelli che sembrano misteri, sono spesso fenomeni che la scienza è in grado di spiegare.
神秘的に見える出来事はしばしば科学で説明できる現象なのです。

☐ **montatura** フレーム / （機械などの）組み立て

La montatura di questi occhiali è stata disegnata da un famoso stilista.
この眼鏡のフレームは有名なデザイナーによってデザインされました。

☐ **monumento** 記念碑，記念建造物

Davanti al Duomo si erge un monumento equestre.
ドゥオーモの前には騎馬像が立っています。

□ **muro** [複 i muri]壁, 障害物 / [複 le mura]城壁, 町を囲む壁
関連 **le mura domestiche** 家庭

Un terzo dei ricoveri di bambini in ospedale è dovuto a incidenti avvenuti fra le mura domestiche.
子供の入院の3分の1は, 家庭で起こった事故によるものです。

名詞

□ **mutuo** ローン, 貸付 関連 **dare a mutuo** 貸し付ける
prendere a mutuo 借りる

Paghiamo il mutuo per la casa.
私たちは住宅ローンを払っています。

n 029

□ **nascita** 誕生, 出生 関連 **di nascita / dalla nascita** 生まれつき

Hanno celebrato la nascita del loro primo figlio.
彼らは長男の誕生を祝いました。

Ha una bella voce sin dalla nascita.
彼女は生まれつきよい声をしています。

□ **nastro** リボン, テープ

Scegli un nastro di un colore adatto a quello della carta del regalo.
プレゼントの包装紙に合う色のリボンを選んで。

□ **nato** 出生者 / 子, 息子

I nati sotto il segno del Leone trascorreranno vacanze tranquille.
しし座生まれの人は穏やかな休暇を過ごすでしょう。

□ **nazione** 女 国民, 国家, 民族

Nel 2011 si è celebrato il 150 mo anniversario della nascita della nazione italiana.
2011年にイタリア国家の誕生150周年を祝いました。

□ **necessità** 必要，必要性 / 急務

È sempre più importante essere consapevoli della necessità del risparmio energetico.
エネルギーの節約の必要性を自覚することはますます大切になっています。

□ **nemico** [男] **/ nemica** [女] 敵

È una cosa terribile che non augurerei neanche al mio peggior nemico.
自分よりはるかに劣った敵にさえ塩を送れないなんて，ひどいことだ。

□ **nodo** 結び目

Giuseppe non si sa ancora fare il nodo alla cravatta.
ジュゼッペはネクタイがまだ結べません。

□ **noia** 退屈，倦怠 / 迷惑

Sono andato a pesca per ingannare la noia.
退屈しのぎに，僕は釣りに行きました。

Mi scusi per averLe procurato delle noie.
ご迷惑をおかけしてすみません。

□ **norma** 規則，模範，慣例

I primi 15 giorni saranno accompagnati da pioggia e freddo, con temperatura più fredda della norma.
最初の15日間は雨と寒さにみまわれ，気温は平年を下回るでしょう。

□ **normalità** 正常さ，常態

Con il loro aiuto dovremmo poter tornare alla normalità e alla vita di sempre.
彼らの手助けがあれば，私たちは平常心を取り戻し，きっといつもの生活に戻ることができるでしょう。

☐ **novità** 新しさ，新しい情報，新製品

Questa è l’ultima novità della nostra linea.
これが私たちのシリーズ商品の最新製品です。

O 030

☐ **occhiata** 一瞥，ちらっと見ること 関連 **sguardo** 一瞥，視線

Potresti dare un’occhiata al mio curriculum e vedere se va bene?
僕の履歴書にざっと目を通して，大丈夫かどうか見てくれるかな？

☐ **occupazione** 囡 占有，占領 / 職業，仕事，雇用

L’occupazione è uno dei problemi più seri che il nuovo governo dovrà affrontare.
雇用は，新しい政府が取り組まなければならない最も深刻な問題の一つです。

☐ **odio** 憎しみ，嫌悪

Mi piacciono la chimica e l’inglese, ma per la matematica provo un odio profondo.
私は化学と英語が好きですが，数学には強い嫌悪感があります。

☐ **offerta** 申し出 / 提供，寄付 / 供給 関連 **domanda** 需要

Guardate le nostre offerte del mese e confrontatele con gli altri negozi!
みなさん，今月の当店のサービス品を他店のものと比べてみてください！

Per quanto riguarda la situazione commerciale internazionale, l'offerta è superiore alla domanda.

世界貿易の状況に関して言えば，供給が需要を上回っています。

□ **onda** 波，電波 関連 **andare in onda** (テレビ番組などが)放送される

Quando in estate vado al mare, mi piace fare il bagno e lasciarmi cullare dalle onde.

夏に海へ行くと，私は海水浴をして，波に身を任せ揺られているのが好きです。

Il programma va in onda alle otto.

その番組は8時の放送です。

□ **onestà** 誠実さ，まじめさ

Il nuovo sindaco farà un gran bene al nostro paesino con la sua onestà.

新しい市長は，その誠実さでもって，私たちの小さな町のために精一杯やってくれるでしょう。

□ **onore** 男 名誉，栄光 関連 **fare onore** 尊敬する，歓迎する

L'essere stato invitato qui a parlare delle mie ricerche è per me un onore.

ここに招かれ，自分の研究について話せるのは，私にとって光栄なことです。

□ **operazione** 女 作業，行為／手術

Pare che quel calciatore infortunato debba subire un'operazione al ginocchio.

その負傷したサッカー選手は膝の手術を受けなくてはならないようです。

□ **opposizione** 女 反対，抵抗

関連 **fare opposizione a ...** ～に反対する

La nostra opposizione alla proposta nasce da considerazioni

attente e documentate.
その提案に私たちは反対ですが，それは慎重に資料に基づき考えた結果です。

☐ **organizzazione** 女 組織，団体

Per ottenere risultati, in qualunque attività è necessaria un'organizzazione attenta ed efficiente.
結果を得るには，どのような活動であっても，周到かつ能率的な組織が必要です。

☐ **orgoglio** 傲慢さ，自慢 / 自尊心，プライド

Mi ha mostrato con orgoglio la sua medaglia.
彼は自慢げに，私にそのメダルを見せました。

☐ **origine** 女 起源，始まり / 生まれ 関連 **in origine** 最初は，元々は

Quello che era in origine solo un piccolo negozio di alimentari, è diventato una grande industria.
初めはただの小さな食料品店だったものが，大企業になりました。

☐ **orizzonte** 男 地平線，水平線 / 視界

Quell'esperienza ha creato nella mia vita nuovi orizzonti.
あの経験が私の人生の新境地を開いてくれました。

☐ **oroscopo** 星占い，予知

Caro Ariete, l'oroscopo di questa settimana ti consiglia di non lavorare troppo e di cercare di riposarti.
おひつじ座のあなた，今週の星占いは，あなたが働きすぎないように，そしてなるべく休息をとるように告げていますよ。

☐ **osservazione** 女 観察，観測 / 所見，意見，考察

Anche una semplice osservazione a occhio nudo permette di riconoscere molti astri.

簡単な肉眼での観測でも，たくさんの星が見分けられます。

Le sue osservazioni sono spesso fuori luogo.
彼はよく場違いなことを言います。

p 031

☐ **pagliaccio** 道化師，ピエロ

Per la festa di carnevale mi travestirò da pagliaccio.
カーニバルのお祭りで，僕はサーカスのピエロに扮するつもりだよ。

☐ **panorama** 男 眺望，パノラマ / 展望

Il palazzo è vecchio, però il panorama dal balcone è veramente bellissimo.
建物は古いのですが，バルコニーからの眺めは本当にとてもすばらしいです。

☐ **parlamento** 議会，国会 関連 **Parlamento europeo** 欧州議会
Dieta (日本などの)国会

Il disegno di legge è stato approvato dal Parlamento.
その法案は国会で可決されました。
◇イタリアの国会そのものを示すときにはParlamentoと大文字で始めます。

☐ **passaggio** 通過，通行 / (歩行者などを)車に乗せること
関連 **dare un passaggio** (車に)乗せてあげる

C’era lo sciopero degli autobus e un mio collega mi ha dato gentilmente un passaggio fino a casa.
バスのストライキがあったのですが，私の同僚が親切に家まで車で送ってくれました。

☐ **passatempo** 気晴らし，遊び

Il passatempo preferito di mio padre è giocare a scacchi.

父のお気に入りの気晴らしはチェスをすることです。

☐ **passato** 過去

Non sempre il passato è piacevole da ricordare.
過去は必ずしも楽しく思い出すものではありません。

☐ **passeggero** （主に船・飛行機の）乗客

I signori passeggeri sono pregati di allacciare le cinture di sicurezza.
乗客の皆様はシートベルトをお締めくださいますようお願いします。

☐ **pasticca** 薬用ドロップ，錠剤

Queste pasticche per la tosse sono molto efficaci.
これらの咳止めドロップはとてもよく効きます。

☐ **patria** 祖国，故国

Sono emigrati perché in patria non trovavano lavoro.
生まれ故郷には仕事がなかったので，彼らは移住しました。

☐ **patto** 協定，契約 / 条件，取り決め

Ti presto il mio computer a patto che tu me lo restituisca entro stasera.
今夜中に返してくれるなら，君に僕のパソコンを貸してあげるよ。

☐ **pazienza** 我慢，忍耐

Lucia non ha molta pazienza.
ルチーアはあまりしんぼう強くありません。

Oggi non avevo abbastanza soldi con me e non ho potuto comprare quelle scarpe. Pazienza! Ci andrò domani.
今日はあまりお金の持ち合わせがなかったから，あの靴を買えなかったよ。仕方がない！　明日買いに行くよ。

☐ **peccato** （宗教的，道徳的な）罪 / 残念なこと

関連 **delitto** （刑法上）罪，犯罪

Si dice il peccato ma non il peccatore.

（諺）罪とは言っても，罪人とは言うな。

Peccato che le vacanze siano già finite.

休みが終わってしまったなんて，残念だな。

☐ **pelliccia** 毛皮，毛皮のコート

Sono sempre più numerose le persone che disapprovano l'uso delle pellicce.

毛皮の使用を認めない人がますます増えています。

☐ **pelo** 毛，体毛 関連 **capello** 髪の毛

per un pelo 間一髪の差で

Il gatto ha il pelo morbido.

その猫は柔らかな毛並みをしています。

Sono andato alla stazione di corsa e sono riuscito a prendere il treno per un pelo.

僕は急いで駅に行ったので，間一髪でその電車に乗れました。

☐ **pena** 刑罰 / 苦労 関連 **valere la pena** やるだけの価値がある

Vale la pena di vedere questo film.

この映画は一見の価値があります。

Il colpevole dovrà scontare una pena di 5 anni di carcere.

犯人は5年間服役して罪を償わねばなりません。

☐ **penisola** 半島 / イタリア半島

Oggi cielo nuvoloso su tutta la penisola.

今日はイタリア半島全域で曇り空になるでしょう。

□ **pensiero** 考え，思想 / 心配
関連 **essere in pensiero per ...** ～のことが心配だ

Ieri sera avevo la mente piena di tanti pensieri che non sono riuscito a dormire.
昨夜はあれこれと考えて頭がいっぱいになり，眠れませんでした。

Una madre è sempre in pensiero per il proprio figlio.
母親はいつも自分の子を心配しています。

□ **percentuale** 女 パーセンテージ / 割合，歩合

Per cento pezzi, possiamo praticare una percentuale di sconto del 10 per cento.
100 個ご購入いただければ，10%割引にさせていただきます。

□ **perdita** 紛失，損

Sembra che il motore abbia una perdita d'olio: porta la macchina dal meccanico il prima possibile.
エンジンにオイル漏れがあるようだ。できるだけ早く車を修理に出しなさい。

□ **perfezione** 女 完全，完璧 関連 **alla perfezione** 完全に，みごとに

Quella signora abita a Milano ormai da 30 anni e parla italiano alla perfezione.
あの女性はもう 30 年もミラノに住んでおり，イタリア語は完璧です。

□ **perfezionista** 男 女 完全（完璧）主義者
関連 **perfezionismo** 完全（完璧）主義

Mario certo è un ragazzo molto preciso, a volte anche troppo perfezionista.
マリオは確かにとても几帳面な人で，時には完璧主義すぎることもあります。

□ **pericolo** 危険

In questo vecchio edificio fatiscente c'è pericolo di crolli.
この朽ちた古い建物には，倒壊の危険があります。

☐ **perla** 真珠

Alcuni dicono che le perle simboleggino le lacrime o invecchino, a me invece piacciono molto.
真珠は涙を象徴するとか，人を老けさせると言う人もいますが，私はとても好きです。

☐ **personaggio** 重要人物，登場人物

I personaggi di questo film sono tutti trentenni tormentati.
この映画の登場人物はみんな苦悩する30代の人たちです。

☐ **personalità** 個性，人格 / 重要人物，要人

Il nuovo primo ministro ha una forte personalità.
新しい首相は強烈な個性を持っています。

Molte personalità erano presenti all'inaugurazione.
たくさんのお偉方が開会式に出席していました。

☐ **peso** 重さ

Prima di andare all'aeroporto, è meglio controllare il peso della valigia.
空港へ行く前に，スーツケースの重さを確かめておいたほうがいいよ。

☐ **petalo** 花びら，花弁

Questa gerbera è gialla al centro e intorno ha tanti petali lunghi e sottili.
このガーベラは中心が黄色で，まわりに細長い花びらがいっぱいついています。

☐ **petrolio** 石油

A casa usiamo ancora la stufa a petrolio.
私たちの家ではまだ石油ストーブを使っています。

□ **pezzo** 一片, 部分, 断片 / (時間)しばらくの間, (距離)かなりの区間

Chi è a dieta, poverino, non può permettersi di mangiare nemmeno un pezzo di torta.
ダイエット中の人は, かわいそうに, ひときれのケーキを食べることさえ許されません。

Come stai? È un pezzo che non ci vediamo!
元気？　しばらく会ってないね！

□ **pianura** 平野, 平原

Nel pomeriggio si alzerà la nebbia sulle pianure del Nord.
午後には北部の平野部で霧が出るでしょう。

□ **pietà** 哀れみ, 同情 関連 **Monte di Pietà** 質屋

Dobbiamo aiutare le persone in difficoltà per solidarietà, non solo per pietà.
私たちは苦境にある人を, 哀れみだけでなく, 連帯の意識で助けなければなりません。

□ **pietra** 石, 石材 関連 **di pietra** (驚きなどで)身動きできない, 冷酷な

In quella torre si trova una scala di pietra formata da 294 scalini.
あの塔には294段の石段があります。

□ **pigiama** 男 パジャマ

Questo pigiama mi sta un po' stretto.
このパジャマは私にはちょっときついです。

□ **platino** プラチナ

Mi sono comprata due paia di orecchini di platino.
私はプラチナ製のピアス２組を自分で買いました。

□ **poesia** 詩，詩情

Durante il viaggio in treno, ho pensato che molti paesaggi che vedevo potevano ispirare poesie.
電車での旅の間，目にするたくさんの景色が詩のインスピレーションを与えてくれると思いました。

□ **polemica** 論争

È nata una polemica sul nuovo sistema tributario.
新しい税制をめぐって論争が生まれました。

□ **politica** 政治，政策

Secondo il sondaggio, il 65 per cento circa degli studenti universitari ritiene che la politica sia molto importante.
調査によれば，約 65 パーセントの大学生が政治はたいへん重要だと考えています。

□ **pollice** 男 1インチ / 親指

Abbiamo comprato una nuova televisione a 46 pollici.
私たちは 46 インチの新しいテレビを購入しました。

□ **polvere** 女 埃（ほこり），塵（ちり）
関連 **aspirapolvere** 男 電気掃除機

Ho pulito tutta la libreria: quanta polvere!
私は書庫をぜんぶきれいにしたのですが，何という埃だこと！

□ **popolazione** 女 住民，人口

L’Italia è una penisola con una popolazione di circa 59 milioni di abitanti.

イタリアは人口が約5900万人の一つの半島です。

☐ **popolo** 国民，民族／市民，住民

Per la soluzione del problema, è fondamentale la collaborazione fra i popoli.
その問題の解決には，住民間の協力が基本です。

☐ **portachiavi** 男 キーホルダー，鍵入れ

In Italia ho comprato un nuovo portachiavi con un ciondolo di metallo e di pelle.
僕はイタリアで，金属と革の垂れ飾りが付いた新しいキーホルダーを買ったよ。

☐ **portaombrelli** 男 傘立て

In casa mia il portaombrelli è vicino all'entrata.
私の家には，傘立ては玄関口のそばにあります。

☐ **posizione** 女 位置，場所／立場，地位

La posizione in cui si trova il paese permette di ammirare tutta la costa per chilometri e chilometri.
その村がある場所からは何キロにも渡る海岸線のすべてが一望できます。

È giusto prendere posizione nei confronti di questo problema.
この問題に対して立場を明確にするのは正しいことです。

☐ **possesso** 所有，入手

La villa è finalmente entrata in suo possesso.
その別荘はついに彼の手に渡りました。

☐ **possibilità** 可能性，見込み

Sono davvero fortunato ad avere la possibilità di fare un soggiorno di tre mesi in Italia.

名詞

イタリアに3カ月滞在できるかもしれないなんて僕は本当についているよ。

□ **potenza** 力，能力，影響力

In queste zone viene prodotta energia eolica: si usa la potenza del vento per produrre energia.

これらの地域では風のエネルギーが作られています。つまり，エネルギーを生み出すのに風力が利用されているのです。

□ **pratica** 実行，実際／経験 関連 **in pratica** 実のところ

Quando ero in vacanza a Roma ho fatto pratica di italiano.

ローマでの休暇中に，私はイタリア語の実践をしました。

□ **prato** 牧草地，草原

I bambini si divertivano rotolandosi sul prato.

子供たちは草の上を転げ回ってよろこんでいました。

□ **premio** 賞

Il primo premio della lotteria è di dieci milioni di euro!

宝くじの1等は，1千万ユーロです！

□ **preoccupazione** 女 心配

Ultimamente la salute di nostro padre ci dà qualche preoccupazione.

最近の父の健康は私たちの心配の種です。

□ **preparativo** 準備，用意（主に複数）

Come vanno i preparativi per il matrimonio?

結婚式の準備はどんな具合ですか？

□ **pressione** 女 圧力，血圧

Dobbiamo stare attenti alla pressione alta, perché può essere pericolosa.
大事に至ることもあるので，高血圧には注意しなければなりません。

Ultimamente sono un po’ sotto pressione perché ho dovuto occuparmi di molte cose: il bambino è ammalato, ho delle scadenze importanti da rispettare e mia moglie ha dovuto viaggiare spesso per lavoro.
近頃，僕はたくさんの心配事があって少し気が滅入っています。子供は病気になるし，僕には守らなければならない大事な支払いの期日が迫っていて，それから妻はしょっちゅう出張しなければならなかったのです。

□ **previsto** 予想されたこと [関連] **previsione** [女] 予測，予想

La riunione è andata meglio del previsto.
会議は予想したよりもうまくいきました。

□ **prodotto** 製品，生産物 / 成果

I principali prodotti di questa regione sono il vino e l’olio d’oliva.
この地方の主要産物はワインとオリーブオイルです。

□ **produzione** [女] 生産，製造

La produzione dell’olio d’oliva di quest’anno è inferiore a quella dell’anno scorso del 3 per cento.
今年のオリーブオイルの生産は，昨年を3パーセント下回っています。

□ **professione** [女] 職業

Il primo figlio ha seguito la professione del padre.
長男が父の職業を継ぎました。

□ **progresso** 進歩，発展

Il progresso nelle prestazioni degli apparecchi elettronici

sembra essere inarrestabile.
電子機器の性能の進歩はとめどないように思われます。

□ **promessa** 約束, 契約 / 期待の的, ホープ

Non ci resta che avere fiducia nelle sue promesse.
彼の約束を信じるしかありません。

Davide è una promessa del calcio italiano.
ダヴィデはイタリアサッカー界のホープです。

□ **proposito** 意図, 目的 / 主題

関連 **a proposito di ...** ～に関して

a proposito そう言えば, ちなみに

di proposito わざと

Ti chiamo più tardi a proposito della riunione di domani.
明日の会議のことで, あとで君に電話をするよ。

□ **proposta** 提案 / 条件の提示

Dipende dal direttore accettare o rifiutare la loro proposta.
彼らの提案を受けるか断るかは部長次第です。

□ **proprietario** 男 **/ proprietaria** 女 所有者, 持ち主, オーナー

Il proprietario dell'appartamento è un signore inglese.
そのマンションのオーナーは, あるイギリス人男性です。

□ **protesta** 抗議

Domani ci sarà uno sciopero di protesta contro il nuovo disegno di legge.
明日, 新法案に反対する抗議ストが行われる予定です。

□ **provincia** (国の行政区画)県 / (大都市に対する)田舎, 地方

Quella compagnia teatrale sta facendo una tournée in provincia.
その劇団は地方巡業をしています。

☐ **provvedimento** 対策，措置

Di fronte a problemi di tale gravità, è fondamentale prendere provvedimenti il prima possibile.
そのように重大な問題を前にしては，できるだけ早く対策を立てるのが基本です。

☐ **puntata** （テレビ・ラジオの連続物，新聞・雑誌の連載物の）1 回分

Stasera trasmettono la replica dell'ultima puntata di quel telefilm.
今夜，そのテレビ映画の最終回が再放送されます。

☐ **punto** 点 / 地点，時点 / 得点 関連 **punto di vista** 視点，立場

Questo è il punto essenziale da considerare quando si parla di problemi ambientali.
環境問題を語るには，これは考慮すべき要点です。

Dal mio punto di vista credo che tu stia sbagliando.
僕の見方からすれば，君は間違っていると思うよ。

Dal punto di vista economico, la politica non è molto favorevole agli agricoltori.
経済的観点から見ると，その政策は農業従事者にさほど有益ではありません。

q ・・・・・・・・・・・・・・・・・・・・・・・・・・・・・・・・・・・・・ 032

☐ **qualificazione** 女 （スポーツで）出場資格 / 資格貸与，説明書

Nostro figlio ha ottenuto la qualificazione per la finale dei 100 metri piani.
私たちの息子は 100 メートル走の決勝に勝ち残りました。

☐ **qualità** 質，品質 / 高級，高品質

In questa zona si producono vini di ottima qualità.
この地域では優れた品質のワインが生産されています。

☐ **quantità** 量 / 数量，分量

I nostri clienti guardano più alla qualità che alla quantità.
私たちの顧客は量よりも質を重んじます。

☐ **quarto** （un quartoとして）4分の1，15分
関連 **tre quarti** 4分の3，45分

Sono le due e un quarto.
2時15分です。

Un quarto degli studenti sono stati bocciati.
4分の1の学生が落第となりました。

☐ **quiete** 女 静かさ，静寂 / 安心

Stavo cercando un po' di quiete, dopo tante difficoltà.
多くの苦労のあと，私は少しの安らぎを求めていたのです。

☐ **quota** 割り当て，会費 / 海抜，高度

La quota è di 30 euro a testa.
会費は一人あたり30ユーロです。

L'aereo volava a bassa quota.
飛行機は低空飛行していました。

r 033

☐ **rabbia** 怒り，立腹 / 癇癪（かんしゃく）

Che rabbia!
ああ悔しい！ / 癪にさわる！

Era tutto rosso per la rabbia.
彼は怒って顔を真っ赤にしていました。

☐ **raccolto** 集めること，収穫

Quest'anno, grazie al tempo favorevole, il raccolto del riso è buono.
今年は天候に恵まれたおかげで，米の収穫がよかったです。

☐ **racconto** 物語，ストーリー／短編小説／語ること

Il racconto inizia con una descrizione della guerra.
その物語は戦争の描写で始まります。

☐ **radice** [女] 根／根源

Le radici di questa pianta possono essere usate per fare un infuso.
この植物の根は煎じ薬を作るのに使えます。

☐ **radiografia** レントゲン写真

Per capire le cause del dolore alla gamba, il dottore mi ha consigliato di fare una radiografia.
脚の痛みの原因を見つけるのに，医師はレントゲンを撮ることをすすめました。

☐ **raggio** 光線

I raggi del sole erano caldi come in primavera.
まるで春のように日差しが暖かでした。

L'hanno esaminato ai raggi X.
彼はX線の検査を受けました。

☐ **ramo** 枝

I rami erano curvi sotto il peso della neve.

枝が雪の重みでしなっていました。

☐ **rapporto** 報告, レポート / 関係, つながり

Nei giorni scorsi è stato presentato il rapporto sull'occupazione giovanile.
先日, 若者の雇用に関する報告書が提出されました。

La nostra ditta ha sempre mantenuto buoni rapporti con quell'azienda americana.
私たちの会社はそのアメリカの企業とずっと良好な関係を保ってきました。

☐ **razza** (生物の)種, 品種 / 人種, 種族
[関連] **di razza pura** 純血種の, 血統のいい

Il mio cane non è di razza pura, ma è simpaticissimo.
僕の犬は純血種ではないけど, すごく愛想がいいんだよ。

☐ **realtà** 現実 [関連] **in realtà** 実際には, 本当は

Alla fine il mio sogno è diventato realtà.
ついに私の夢が現実になりました。

Ha detto che era raffreddato, in realtà non sta per niente male.
彼は風邪を引いていると言いましたが, 本当は病気などではありません。

☐ **reazione** [女] 反応, 反発

Sono rimasto sconcertato dalla sua reazione.
彼の反発に僕は困惑してしまいました。

☐ **reparto** 部門, 部局 / (病院の)科 / (デパートの)売り場

In questo reparto si curano pazienti affetti da malattie cardiache.
この科では心臓病の患者を診ています。

☐ **respiro** 息, 呼吸 / 休息, 安堵

Il lavoro non mi dà respiro.
仕事で一息つく暇もありません。

☐ **ricchezza** 豊かさ, 富, 財産

Con tutta la loro ricchezza, vivevano semplicemente.
金持ちでありながら, 彼らは質素な暮らしをしていました。

☐ **ricerca** 研究, 探求, リサーチ 関連 **alla ricerca di ...** ～を探して

Ritengo che Luigi, in quanto esperto del campo, sia la persona più adatta per la ricerca.
ルイージはこの分野の専門家として, 調査にうってつけの人物ではないかと私は思います。

☐ **richiesta** 要求, 要望

La loro richiesta in linea generale è stata accolta.
彼らの要求は大筋受け入れられました。

☐ **ricordo** 記憶, 思い出, 思い出の品

Questo anello è un ricordo di mia madre.
この指輪は母の形見です。

☐ **riga** 線, 筋 / (文章の)行

Se avete i capelli lunghi, per quest'estate, vi consigliamo di tenerli sciolti sulle spalle, con la riga in mezzo.
もしみなさんが長い髪をしていれば, この夏は束ねずに, 真ん中分けにして肩に垂らすことをおすすめします。

☐ **rilievo** 突出部, 浮き上がって見えること / 重要性 / (美術の)浮彫, レリーフ 関連 **mettere in rilievo** 際立たせる, 強調する

Per ora, nella situazione economica italiana, non esiste ancora

alcun cambiamento di rilievo.
今のところ，イタリアの経済状況にまだ目立った変化はありません。

□ **rimpatriata** 久しぶりに会うこと

Abbiamo fatto una bella rimpatriata.
私たちはばったり出会いました。

□ **rischio** 危険，リスク

La situazione è critica, perciò dobbiamo stare attenti a non correre rischi inutili.
状況は危ういので，我々はむだなリスクを冒さないよう注意しなければなりません。

□ **riserva** 蓄え，予備，貯蔵

In caso di terremoto, è utile avere riserve di cibo e di acqua potabile.
地震の場合，食料と飲み水を蓄えておくと便利です。

□ **rispetto** 尊敬，尊重 / 守ること，遵守 関連 **rispetto a ...** ～と比べて

Avevamo un grande rispetto per il nostro presidente.
私たちは社長をたいへん尊敬していました。

Rispetto all'anno scorso, quest'inverno fa più caldo.
去年と比べると，今年の冬はより暖かい。

□ **ritmo** リズム

Un ritmo di vita tranquillo e regolare è la cosa migliore per combattere lo stress.
穏やかで規則正しい生活リズムが，ストレスと闘うにはいちばんです。

□ **romanziere** 男 **/ romanziera** 女 小説家

Questo romanzo è opera di un romanziere di successo, amato

soprattutto dai giovani.
この長編小説は売れっ子小説家の作品で，特に若者に好まれています。

☐ **rotella** 小さな車輪，キャスター，ローラー

Quando si fanno viaggi lunghi, è comodo usare valigie con le rotelle.
長旅をするとき，キャスター付きのスーツケースを使うと便利です。

☐ **routine** [女] 日課，ルーティン / いつもの手順

L’auto è stata fermata da una volante della polizia per un controllo di routine.
その車は定期巡回中の警察のパトカーに制止されました。

☐ **rubinetto** （水道の）蛇口，（ガスの）コック

Il rubinetto perde acqua, dobbiamo cambiare la guarnizione.
蛇口から水が漏れているよ。パッキンを取り替えないといけないね。

☐ **ruota** 車輪，車 [関連] **rotella** （ruotaの縮小）小さな車輪

Le ruote giravano a vuoto nella sabbia e la macchina non riusciva a muoversi.
車輪が砂にはまって空回りしてしまい，車は動けませんでした。

S ······························ 034

☐ **sandalo** サンダル［[複] sandali：通常複数で］

Questi sandali vanno bene anche con le gonne.
このサンダルはスカートともよく合います。

☐ **sapore** [男] 味，風味

Un po’ di limone dà più sapore al fritto.
このフライにレモンを少しかけると味が引き立ちます。

☐ **sasso** 石, 岩 関連 **pietra** 石, 石材

La folla ha cominciato a lanciare sassi ai poliziotti.
群衆は警官に石を投げ始めました。

☐ **scelta** 選択

Ho parlato con i miei familiari della mia scelta di lasciare il lavoro, e loro sembrano aver capito le mie ragioni.
僕は仕事を辞めると決めたことを家族に話したのですが, 彼らはその理由をわかってくれたように思います。

☐ **sceneggiato** （連続物の）テレビドラマ

Ho perso la puntata dello sceneggiato di ieri. Per caso tu l'hai vista?
昨日のドラマの回を見逃してしまったよ。ひょっとして君は見た？

☐ **schiena** 背中, 腰

Ieri ho messo a posto la cantina e oggi ho un terribile mal di schiena.
昨日私は地下のワイン蔵を片づけたのですが, 今日はひどく腰が痛いのです。

☐ **scienza** 科学, 学問

Il progresso della scienza dovrebbe servire a migliorare la vita della gente, ma non sempre è così.
科学の進歩は人々の生活をより良くするのに役立つはずなのですが, 必ずしもそうではありません。

☐ **scomodità** 不便, 不都合, （住み心地などが）よくないこと

Mario si adatta facilmente alle piccole scomodità del campeggio.
マリオはキャンプ場のちょっとした不便にも簡単に慣れました。

□ **scoperta** 発見

Il progresso delle attrezzature mediche ha reso possibile la scoperta di molte malattie fin dal loro stadio iniziale.
医療機器の進歩は，多くの病気を初期段階で発見することを可能にしました。

□ **scopo** 目的

Lo scopo di questo libro è presentare la matematica in modo piacevole e divertente.
本書の目的は，数学を楽しくおもしろい方法で紹介することです。

□ **scottatura** やけど

Mi sono fatta questa scottatura stamattina mentre cucinavo.
私は今朝料理をしているときに，やけどをしました。

□ **scrivania** 書き物机，事務机

Uso questa scrivania fin da quando facevo le elementari, ma adesso è troppo piccola: devo cambiarla.
僕はこの机を小学校の頃から使っているけど，今では小さすぎるよ。替えなければいけないね。

□ **scusa** 許し，謝罪 / 言い訳

Chiedo scusa per averti offeso.
君を傷つけたことについては謝ります。

Matteo è furbo. Ha sempre una scusa pronta.
マッテーオはずるがしこいやつだ。いつも言い逃れを用意している。

□ **sede** 囡 居所，所在地

La sede centrale della banca si trova in Via S. Spirito.
その銀行の本店はサント・スピーリト通りにあります。

□ **segno** 印, 跡, 合図 / 星座 [関連] **in segno di ...** ～の印として

"Di che segno sei?" "Sono del Toro."
「あなたは何座ですか？」「私はおうし座です」

In segno di riconoscenza per tutto quello che avete fatto per noi quando eravamo in Giappone, vorremmo che accettaste questo piccolo regalo.
私たちが日本にいた頃にあなた方がしてくれたすべてのことへの感謝の印として, このささやかな贈り物を受け取っていただきたいのです。

□ **segreto** 秘密, 秘訣 [関連] **in segreto** 内密に, こっそり

È veramente faticoso apprendere a fondo i segreti di un'arte.
芸の奥義をきわめるのは本当にたいへんなことです。

Si sono incontrati in segreto ed hanno discusso sulle decisioni da prendere.
彼らは密会し, 下すべき決断について議論しました。

□ **seme** [男] 種

Questi sono i semi di basilico: ogni anno lo coltiviamo sul terrazzo di casa.
これらはバジルの種です。毎年私たちは家のテラスで栽培しています。

□ **sensazione** [女] 感覚, 気持ち / 大騒ぎ, センセーション

Questa statua mi procura una sensazione di grandiosità.
この彫刻は私を荘厳な気持ちにさせます。

Quell'invenzione ha suscitato grande sensazione.
あの発明が一大センセーションを巻き起こしました。

□ **senso** 感覚, センス, 意味 / (運動の)方向, 方角
[関連] **buon senso** 良識
senso comune 常識
senso unico 一方通行

Quel ragazzo ha imboccato una corsia della A7 in senso opposto.
その青年は A7 号線の車線に逆方向から進入しました。

Non sono sicuro di aver capito il senso delle sue parole.
私は彼の言葉の意味を理解したのか自信がありません。

☐ **sentimento** 感情，気持ち，情緒

Il sentimento che provo quando vedo queste foto è di grande pietà.
私がこれらの写真を見るときに感じる気持ちは，深い哀れみです。

☐ **sereno** 晴天 / 平穏，落ち着き

Da domani tornerà il sereno.
明日から晴天が戻るでしょう。

☐ **serie** 囡[無変化]一続き，連続 / シリーズ

Queste borse sono prodotte in serie.
これらのバッグは大量生産されています。

C'è una serie di cose che devi sapere per capire il problema.
問題を理解するために君が知らねばならない一連のことがあります。

☐ **sfida** 挑戦 / (決闘の)申し込み，タイトルマッチ

Il campione ha risposto alla sfida.
チャンピオンは挑戦を受けて立ちました。

☐ **sforzo** 努力，骨折り

È riuscito a realizzare quel progetto con un grande sforzo.
彼はたいへんな努力をしてその計画を成功させました。

☐ **sguardo** 視線，まなざし

Al bar, mentre prendevo il caffè, ho dato uno sguardo al

giornale.
バールでコーヒーを飲みながら，私は新聞にざっと目を通しました。

□ **sigaro** 葉巻き

Il signor Negri fuma anche i sigari, dopo cena, in compagnia.
ネグリさんは夕食のあと，付き合いで葉巻も吸います。

□ **simbolo** 象徴，シンボル

La colomba è il simbolo della pace.
鳩は平和の象徴です。

□ **sistemazione** [女] 体系化，整理 / 定住，就職

Riguardo alla mia sistemazione qui, non ho motivo di lamentarmi, a parte la lontananza dal centro.
ここでの私の住まいについては，中心地から遠いことを除いては不満を言う理由はありません。

□ **smarrimento** 紛失，遺失

In caso di smarrimento della carta di credito, contattare il prima possibile il numero verde.
クレジットカードを紛失した場合には，できるだけ早くフリーダイヤルにかけることです。

□ **soccorso** 救助，援助 **関連** **pronto soccorso** 救急病院

Sono andati in soccorso dei terremotati.
彼らは地震の被災者の救助に向かいました。

Bisogna portarlo al pronto soccorso il più presto possibile.
彼をできるだけ早く救急病院へ運ばなければなりません。

□ **soddisfazione** [女] 満足（感），よろこび

Il suo lavoro gli dava non poche soddisfazioni.

彼は自分の仕事に少なからず満足感を覚えていました。

□ **soggetto** 主題, テーマ / (文法の)主語 / (人に対して)奴

Il soggetto di questo film è molto originale.
この映画のテーマはたいへん独創的です。

In italiano il verbo si accorda con il soggetto.
イタリア語では動詞が主語に一致します。

Giacomo è un pessimo soggetto.
ジャコモはすごく悪い奴だ。

□ **solitudine** 囡 孤独, 寂しさ

In questi ultimi anni molti anziani vivono in solitudine.
近年, 多くのお年寄りが孤独な生活をしています。

□ **soluzione** 囡 解決, 解答

Per quanto sia difficile, dobbiamo trovare una soluzione.
どんなに難しくても, 私たちは解決策を見つけ出さなくてはなりません。

□ **somma** 合計, 総額

La somma del debito accumulato ammonta a diecimila euro.
たまった借金の総額は1万ユーロに達しています。

□ **sorpresa** 驚き, 不意打ち [関連] **di sorpresa** 不意に, 突然

Quando ho capito che Maria era stata una mia compagna dell'asilo più di vent'anni fa, sono rimasto a bocca aperta per la sorpresa.
マリーアが20年以上も前に私の幼稚園の友達だったとわかったとき, 唖然としてものも言えませんでした。

□ **sospetto** 疑い, 疑惑

I sospetti sul possibile autore del crimine si fanno sempre più

consistenti.
犯人にかかる容疑はますます確固たるものになっています。

□ **sostanza** 実質，物質，内容 関連 **in sostanza** 要するに，実質的に

La sostanza del discorso era che voleva venderci quel prodotto a tutti i costi.
話の内容は，どうしてもその製品を我々に売りたいということでした。

□ **specie** 囡 種類，タイプ

Questa specie marina è molto rara.
この種類の海洋生物は，たいへん珍しいです。

□ **speranza** 希望，期待

Nutro molte speranze sulla possibilità che Gianni possa vincere il concorso.
私はジャンニがコンクールで優勝する可能性に大いに期待しています。

□ **spilla** （装身具などの）ピン，ブローチ

Questa spilla d'oro era di mia nonna, poi è passata a mia madre e ora ce l'ho io.
この金のブローチは私の祖母のものでしたが，その後母へと渡り，今は私が持っています。

□ **spirito** 精神，心，魂 / ユーモア，機知 関連 **spiritualità** 精神性

Lo spirito con cui si fa qualcosa è sempre la cosa più importante.
何者かになろうという精神は常にいちばん重要なものです。

A volte basta un motto di spirito per alleggerire una situazione difficile.
時にはジョーク一つで，難しい場の雰囲気が和らぐ。

□ **stabilimento** 工場，施設

Adesso non c'è rimasto più nulla, ma fino a dieci anni fa qui c'era uno stabilimento automobilistico.
今はもう何も残っていませんが，10年前までここには自動車組立工場がありました。

□ **stampa** 印刷，印刷物，出版物 関連 **conferenza stampa** 記者会見

Il tipografo mi ha assicurato che provvederà alla stampa dei miei biglietti da visita entro domani mattina.
印刷屋さんは私に明日の朝までに名刺を印刷しておくと約束しました。

□ **statistica** 統計，統計学

Secondo le statistiche, solo il 9 per cento delle donne dichiara di dormire bene la notte.
統計によれば，夜熟睡していると明言する女性は，わずかに9％しかいません。

□ **stato** 状態，状況 / 地位，立場 / 国家，(Stato) 政府

L'antico dipinto recentemente scoperto si trovava in un buono stato di conservazione.
最近発見された古い絵は，保存状態の良いものでした。

□ **stecca** 細い棒，(タバコの)カートン 関連 **stecca di hockey** ホッケーのスティック / **stecca di biliardo** ビリアードのキュー

Gli hanno fissato con le stecche il braccio fratturato.
骨折した彼の腕に添え木が当てられました。

Ha comprato una stecca di sigarette alla stazione.
彼は駅でタバコを1カートン買いました。

□ **stile** 男 文体 / (芸術の)様式，作風，流派 / (生活の)様式

Questa chiesa è un capolavoro dello stile barocco.
この教会はバロック様式の傑作です。

Mi sono abituato subito allo stile di vita italiano.
僕はすぐにイタリアの生活になじみました。

□ **stilista** 男 女 [複 stilisti 男 / stiliste 女] （服飾）デザイナー

Molti stilisti si sono ispirati a questo tema per le loro creazioni.
多くのデザイナーがこのテーマから創作上のインスピレーションを得ました。

□ **stipendio** 給料，賃金

Deve mantenere una famiglia di quattro persone con un solo stipendio.
彼一人の給料で家族４人の家計を支えていかねばなりません。

□ **striscia** [複 strisce] 縞，筋 / リボン

Quelle zanzare piccoline con delle strisce bianche sono le zanzare tigre e provengono dall'Asia.
あのとても小さな白い縞模様の蚊は，ヒトスジシマカでアジアの原産です。

□ **strumento** 道具，器具

Sa suonare qualche strumento musicale?
あなたは何か楽器が弾けますか？

□ **struttura** 構造，枠組み / 建物，施設

La struttura della politica deve essere rinnovata, rendendola più efficiente e più vicina ai cittadini.
政治構造はもっと効率がよく，市民に身近なものになるよう刷新されるべきです。

In Italia si trovano tante strutture alberghiere.

イタリアにはたくさんの宿泊施設があります。

□ **stufa** ストーブ，ヒーター

Siccome faceva tanto freddo, Luca si è scaldato le mani alla stufa appena entrato in casa.
たいへん寒かったので，ルーカは家に入るなりストーブで手を温めました。

□ **suolo** 地表，地面

A causa del terremoto quelle case sono rovinate al suolo.
地震のために，あの家々は倒壊してしまいました。

□ **suono** 音，音声，響き

Il suono di questo strumento è lieve e delicato.
この楽器の音は軽くて繊細です。

□ **sviluppo** 発展，展開，進歩 / （写真の）現像

Lo sviluppo dell'economia offrirà migliori prospettive di lavoro soprattutto ai giovani.
経済の発展は，とりわけ若者の仕事により良い見通しを与えるでしょう。

t ・・・・・・・・・・・・・・・・・・・・・・・・・・・・・・・・・・・・・・ 035

□ **tacco** 靴のかかと，ヒール 関連 **scarpe con i tacchi alti** ハイヒール

Mi rifaccia i tacchi a queste scarpe, per favore.
この靴のかかとを取り替えてください。

□ **taglio** 切断，カット / 髪型

Questo taglio di capelli ti dona moltissimo.
この髪型は君をすてきに際立たせているよ。

☐ **tamburo** 太鼓 関連 **tamburello** タンブリン

Il corteo in costume medioevale attraversa il paese accompagnato dal rullo dei tamburi.

中世の衣装を着た行列がドラムを打ち鳴らして町を練り歩きます。

Nelle feste estive si suona il tamburo e si balla.

夏祭りでは太鼓が鳴らされ，人々は踊ります。

☐ **tatuaggio** 入れ墨，タトゥー

Pietro si veste come uno straccione e ha persino un tatuaggio sulla spalla.

ピエトロは物乞いのような格好をして，肩にタトゥーまで入れているよ。

☐ **taverna** 居酒屋，食堂，田舎風レストラン

La taverna che vi consiglio si trova sul mare, e lì si può mangiare dell'ottimo pesce alla griglia.

私がおすすめする田舎風レストランは海辺にあり，そこでは絶品の魚のグリルが召し上がれます。

☐ **tecnica** 技法，技術，テクニック

I dirigenti stanno pensando all'importazione di nuove tecniche per la realizzazione dei nuovi prodotti.

幹部たちは新製品の開発のために新しい技術の導入を考えています。

☐ **tecnico** 男 **/ tecnica** 女 [tecnici 男 複] 技師，技術者，専門家

La mia lavatrice sta facendo i capricci: dovrò chiamare il tecnico dell'assistenza.

私の洗濯機が気まぐれを起こしているわ。故障修理サービスに電話をしないといけないかしら。

☐ **telefonata** 電話をかけること，通話

Mentre Lucia era fuori c'è stata una telefonata per lei.

ルチーアが家をあけている間に，彼女に電話がかかってきました。

□ **telegiornale** 男 テレビニュース

Al telegiornale hanno detto che il tifone si sta avvicinando.
テレビのニュースで台風が近づいていると言っていたよ。

□ **telespettatore** 男 **/ telespettatrice** 女 テレビ視聴者

Quel documentario è stato trasmesso in replica su richiesta dei telespettatori.
そのドキュメンタリーは視聴者の要望で再放送されました。

□ **tema** 男 [temi 複] 主題，テーマ，モチーフ

Il tema della conferenza di questa sera sembra interessante.
今夜の講演会のテーマはおもしろそうだ。

□ **tempesta** 嵐

È preferibile rinunciare a scalare la montagna finché dura questa tempesta.
この嵐が続くかぎり，山登りは断念したほうがいいね。

□ **temporale** 男 雷雨，暴風雨

Mentre stavo tornando a casa, è venuto un violento temporale: per non bagnarmi sono entrato in un bar e ho preso un caffè.
家に帰ろうとしていたら，ひどい嵐になりました。私は濡れないようにバールに入って，コーヒーを飲みました。

□ **tendenza** 傾向，動向 / 流行，トレンド

Questo numero speciale della nostra rivista è dedicato alle recenti tendenze della moda.
今回の私たちの雑誌の特集号はファッションの最新トレンドを取り上げています。

☐ **tentativo** 試み，企て

Nonostante i numerosi tentativi che ho fatto per ottenere il risultato che volevo, non ci sono ancora riuscito.

望んでいた結果を得ようと幾度となく試みたのですが，僕はまだよい結果を得られていません。

☐ **teoria** 理論，学説 関連 **in teoria** 理論的に

In teoria il tuo ragionamento funziona perfettamente, ma non è detto che funzioni ugualmente una volta messo in pratica.

理論的には君の考えは完璧にうまく行くけれど，それを実行に移したときに同様にうまく行くとは限らないよ。

☐ **termine** 男 終わり，終点，期限 / (専門)用語

Domani scadranno i termini per la presentazione della domanda di ammissione.

明日で入会申請の提出期限が切れます。

“Allegro” o “vivace” sono aggettivi italiani che vengono usati anche come termini musicali.

allegro「陽気な」や vivace「活発な」は音楽用語としても用いられるイタリア語の形容詞です。

☐ **terrazzo / terrazza** テラス，バルコニー

Siccome faceva bel tempo, abbiamo pranzato in terrazzo.

天気がよかったので，僕たちはテラスで昼食をとりました。

☐ **territorio** 領土

La Corsica nel Medioevo era un territorio appartenente a Genova.

中世のコルシカ島はジェノヴァの領土でした。

☐ **tesoro** 宝物 / 大切な人

Questo castello è classificato tra i tesori artistici nazionali.
この城は国宝に指定されています。

Tesoro mio!
(妻，夫，子供などへの呼びかけとして)私のいとしい人よ！

☐ **tessuto** 織物，生地

Il tessuto di questa giacca è costituito per l'80 per cento di cotone e per il 20 per cento di lana.
このジャケットの生地は綿80%と毛20%でできています。

☐ **tetto** 屋根

In Italia le parabole devono essere rosse, cioè dello stesso colore del tetto delle case.
イタリアではパラボラアンテナは赤色でなければなりません。つまり，家の屋根と同じ色でなければならないのです。

☐ **timore** 男 恐れ，不安，心配

I giovani di oggi nutrono molti timori riguardo al proprio futuro.
今日の若者たちは自分の将来に多くの不安を抱えています。

☐ **titolo** 題名，タイトル / 称号，肩書き，資格

Il titolo di questo brano musicale è *Maggio*.
この曲のタイトルは「五月」です。

Nel curriculum è necessario riportare l'ultimo titolo di studio conseguito.
履歴書には，取得した最終学位を記入しなければなりません。

☐ **tono** 口調，音調，トーン

Il professore mi ha parlato in tono amichevole.
先生は私に親しげな調子で話してくれました。

□ **torto** 過ち，誤り，不正

La tua reazione mi è sembrata eccessiva, ma ora che ne ho capito il perché, sono convinto che tu non abbia tutti i torti.
私にはあなたの反応が度を過ぎるように思えたのですが，ようやくその理由がわかりました。私はあなたが全面的に間違っているわけではないと思います。

□ **traccia** 跡，足跡

Mi dispiace, non c'è traccia della vostra prenotazione.
すみませんが，あなたがたが予約をした記録がありません。

□ **traghetto** 渡し船，フェリー

Per andare in Sardegna in traghetto, da Livorno ci vogliono circa sei ore.
リヴォルノからフェリーでサルデーニャ島へ行くのにおよそ6時間かかります。

□ **tramonto** 日没，夕焼け / (文明などの)没落，(人生の)晩年

Il cielo al tramonto si tingeva di rosso.
夕暮れの空が赤く染まっていました。

Il pittore era al tramonto della vita.
画家は人生の晩年を迎えていました。

□ **trappola** わな，策略

Mi hanno fatto cadere in trappola.
私はわなにはめられました。

□ **trasloco** 引っ越し，転居 関連 **fare il trasloco** 引っ越しする

Mario, mi dispiace, ma non posso uscire. Sto preparando i pacchi per il trasloco.
マリオ，悪いけど出かけられないの。引っ越しの荷造りをしているのよ。

☐ **tratto** （ペンや筆の）線，顔立ち，特徴 / （距離・時間の）間，間隔

関連 **d'un tratto / ad un tratto** いきなり，突然に

un bel tratto （時間・空間的に）かなりの間

Questo disegno è fatto con un tratto delicato.
このデッサンは繊細な筆致でなされています。

Tutto d'un tratto è andata via la luce.
突然停電しました。

Abbiamo fatto un bel tratto di strada insieme.
私たちはかなりの道のりを一緒に行きました。

☐ **traversa** 交差道路，横道，横丁

Un bambino è sbucato improvvisamente da una traversa.
子供が突然，横丁から飛び出してきました。

Vada diritto e giri a destra alla seconda traversa.
まっすぐ行って，2つめの曲がり角を右に曲がってください。

☐ **trucco** 化粧，メーキャップ / （手品などの）トリック

Quel signore ci ha rivelato in segreto il trucco di un gioco di prestigio.
その男の人は，私たちにこっそりと手品の種を明かしてくれました。

u

036

☐ **umanità** 人間性，人間らしさ / 人類

Il professor Pucci è una persona piena di umanità.
プッチ先生は人間味あふれる人です。

☐ **unione** 女 結合，団結 / 連合，同盟，組合

関連 **Unione Europea** 欧州連合（EU）

Una seria collaborazione deve basarsi su una profonda unione

di intenti.
しっかりと協力するには，目的に向かう固い結束が基礎になっていなければなりません。

☐ **uso** 使用，利用 / 習慣，風習

Questa espressione latina è ancora in uso.
このラテン語の表現はまだ使われています。

Quando si va all'estero, è necessario rispettare gli usi e i costumi dei paesi che si visitano.
海外へ行ったら，訪れた国の風習に従わなければなりません。

V ・・ 037

☐ **valore** 男 価値，値打ち，値段

In questo museo sono esposte opere d'arte di inestimabile valore.
この美術館には途方もない値打ちの美術品が展示されています。

☐ **vantaggio** 優位，有利

Uno dei vantaggi di questo appartamento è la vicinanza alla stazione della metropolitana.
このマンションの利点の一つは，地下鉄の駅に近いことです。

Gli azzurri sono in vantaggio per due a zero.
イタリア代表チームが２対０でリードしています。

☐ **vasca** 水槽 関連 **vasca da bagno** 浴槽

Nelle case con doppi servizi, in un bagno c'è la doccia, mentre nell'altro c'è la vasca.
浴室２つ付きの家には，一方の浴室にはシャワーがあり，もう一方にはバスタブがあります。

☐ **velocità** 速さ，スピード

L'automobile andava a una velocità di 80 chilometri all'ora.
その車は毎時 80 キロのスピードで走っていました。

☐ **vendemmia** ブドウの収穫

La vendemmia di quest'anno lascia ben sperare per la qualità del vino.
今年のブドウの収穫は質の高いワインを十分に期待させてくれます。

☐ **ventina** 約20

Penso che dovrebbe arrivare fra una ventina di minuti.
あと 20 分少々で，彼は到着するだろうと思います。

☐ **veranda** ベランダ

Data la bella giornata, in quel ristorante ci hanno fatto accomodare in veranda.
天気がよかったので，そのレストランでは私たちをベランダに通してくれました。

☐ **vergogna** 恥ずかしさ，羞恥心

Ho provato un po' di vergogna quando mi è stato chiesto di cantare davanti a tutti.
みんなの前で歌うように頼まれたとき，私はちょっと恥ずかしい気がしました。

Che vergogna!
(屈辱，羞恥，後悔などの感情から)恥ずかしい！ / みっともない！ / 情けない！

☐ **verità** 真実，正しさ 関連 **in verità** 実は

Non sono ancora riuscito a scoprire la verità.
僕はまだ真相を突き止めることができません。

In verità, non sono sicuro di aver capito quello che il direttore intendeva dire.

実を言うと，僕は部長が言いたかったことを理解できたかどうかわからないんだよ。

□ **veterano** 男 / **veterana** 女 ベテラン，大先輩

Si tratta di un grande esperto di vini, un veterano che se ne occupa da almeno vent'anni.

彼はワインの優れた専門家で，少なくとも20年以上その仕事に従事しているベテランです。

□ **veterinario** 男 / **veterinaria** 女 獣医 関連 **veterinaria** 獣医学

Da piccola Alice sognava di diventare veterinaria.

小さい頃，アリーチェは獣医になることを夢見ていました。

□ **vettura** （電車・鉄道などの）車両，車 / 自動車

Quella vettura è stata danneggiata nello scontro.

その車両は，衝突事故で破損しました。

□ **vicenda** 変遷，推移 関連 **a vicenda** 交代に，互いに

Ho seguito la vicenda attraverso i giornali.

僕は新聞を通してことの成り行きを見守りました。

Ci siamo aiutati a vicenda.

私たちは互いに助け合いました。

□ **vigna** ブドウ畑

Il terreno e il clima di questa regione sono favorevoli alla coltivazione delle vigne.

この地域の土壌と気候は，ブドウ畑の耕作に向いています。

□ **vigore** 男 活力，生命力，力強さ 関連 **in vigore** 効力をもつ

Nonostante i suoi ottant'anni, le opere di quel pittore sono ancora piene di vigore.

80歳という年齢にもかかわらず，その画家の作品にはまだ力があふれています。

Questa ordinanza è in vigore nel Veneto.
この条例はヴェネト州で実施されています。

□ **villetta** （庭付きの）一戸建て 関連 **villa** （郊外の）邸宅，別荘

Abito con i miei in una villetta in periferia.
私は家族と郊外の一戸建てに住んでいます。

□ **vincitore** 男 **/ vincitrice** 女 勝者，（くじの）当選者

Il sindaco ha consegnato una medaglia al vincitore del concorso.
市長はコンテストの勝者にメダルを渡しました。

□ **vinello** アルコール分の少ないワイン 関連 **vino** ワイン

Il padrone dell'osteria ci ha offerto un bicchiere di vinello rosso.
居酒屋の主人が，私たちに軽い赤ワインを1杯ごちそうしてくれました。

□ **violenza** 激しさ，暴力

Dopo aver litigato con Massimo, Franco se n'è andato sbattendo la porta con violenza.
マッシモと言い争ったあと，フランコは乱暴にドアを閉めて出て行きました。

□ **virtù** 女 徳，美徳，長所 / 効力，効能

La pazienza è una virtù che io certamente non ho.
我慢は，私には確実にない美徳です。

Si dice che quest'acqua minerale possieda virtù terapeutiche.
このミネラルウォーターにはさまざまな効能があるそうです。

□ **visione** [女] 見えること，視覚 / (将来についての)見通し，ビジョン

Carlo ha una visione pessimistica del suo futuro.
カルロは自分の将来について悲観的な見方をしています。

□ **vista** 視力

Marco porta gli occhiali, suo fratello Giulio, invece, ha un'ottima vista.
マルコは眼鏡をかけていますが，弟のジュリオはとても目がいいです。

□ **visto** ビザ，査証

Penso di partire appena il visto mi sarà rilasciato.
私はビザが下りたらすぐに出発するつもりです。

□ **vitamina** ビタミン

Frutta e verdura sono ricche di vitamine.
果物と野菜はビタミンが豊富です。

□ **vittima** 犠牲者，被害者

Il terremoto ha fatto migliaia di vittime.
その地震は何千人もの犠牲者を出しました。

□ **vittoria** 勝利

La vittoria del Campionato del Mondo è stata una grande gioia per milioni di tifosi.
ワールドカップでの優勝は大勢のファンにとってたいへんなよろこびでした。

□ **vizio** 悪徳，悪癖，(健康などに)有害な習慣

Pare che il vizio del fumo possa avere una spiegazione genetica.
喫煙の習慣は遺伝的なものだという人もいるようです。

☐ **volto** 顔, 顔つき

Questo cammeo riproduce il volto delicato di una donna.
このカメオは女性の繊細な表情を描き出しています。

☐ **volume** 男 体積, 量, ボリューム / (本などの)巻, 冊

Come si calcola il volume della sfera?
球体の体積はどのように計算しますか？

La nuova enciclopedia consisterà di quindici volumi.
新しい百科事典は 15 巻から成る予定です。

☐ **voto** 投票 / (学校の)成績

Hanno vinto per pochi voti.
わずかな得票差で彼らは勝利しました。

Ho preso voti alti in italiano.
私はイタリア語でいい点を取りました。

☐ **vulcano** 火山

La lava eruttava dal cratere del vulcano.
火口から溶岩が吹き出していました。

Z

038

☐ **zampa** (動物の)ひづめ, 足
関連 **a quattro zampe** 四つ足の, 四つんばいで

Il gatto si leccava le zampe.
猫が足をなめていました。

☐ **zanzara** 蚊

Le zanzare mi hanno mangiata viva.
蚊が私の肌をひどく刺しました。

☐ **zenzero** ショウガ

Pare che assumendo dello zenzero ci si riscaldi.
ショウガを食べると体が温まるようです。

形容詞

a 039

□ **abbondante** 豊富な, たっぷりの, 多量の

Fate cuocere la pasta in abbondante acqua calda.
パスタをたっぷりのお湯で茹でてください。

□ **abituale** 普段の, いつもの, 習慣的な
関連 **solito / consueto** ふだんの, 習慣的な

Siamo clienti abituali di questo negozio.
私たちはこの店の常連客です。

□ **abituato** (〜に)慣れた (a ...)

Non sono ancora abituata a vivere da sola.
私はまだ一人暮らしに慣れていません。

□ **acceso** 火がついた, 電源が入った 関連 **spento** 消えた

Non tenete la tv accesa quando non la guardate.
見ないときに, テレビを点けたままにしないように。

□ **adatto** (〜に)向いた, 適した (a ...; per ...)

È un abito adatto ad ogni occasione.
どのような時にもふさわしいドレスです。

Il clima della Sicilia è adatto alla coltivazione delle arance.
シチリア島の気候はオレンジ栽培に適しています。

□ **aderente** (服などが)ぴったりした, タイトな 関連 **attillato** タイトな

Quell'attrice ha partecipato al Festival indossando un abito rosso aderente ed elegantissimo.

あの女優は，赤くてタイトな，たいへんに気品のあるドレスを着てフェスティバルに参加しました。

□ **alberghiero** ホテルの

L'industria alberghiera ha attraversato un periodo di crisi, ma ora si sta riprendendo.

ホテル業界は苦境にありましたが，今は回復しつつあります。

□ **allergico** アレルギーの，(〜に)アレルギー体質をもった (a ...)

Roberta non mangia la mozzarella, perché è allergica ai latticini.

ロベルタはモッツァレッラを食べません，なぜなら乳製品にアレルギーがあるからです。

□ **amatoriale** 愛好家の，アマチュアの 関連 **dilettante** アマチュア

In quest'isola si terrà una gara ciclistica amatoriale.

この島でアマチュアの自転車競技大会が開催されます。

□ **amichevole** 友好的な，親しみのある

Ernesto è sempre simpatico e amichevole con tutti.

エルネストはいつも誰に対しても感じがよく，友好的です。

La trattativa si è svolta in un'atmosfera amichevole.

話し合いは和気あいあいとした雰囲気で行われました。

□ **appassionato** 情熱的な，(〜に)夢中な，大好きな (di ...)

Andrea, appassionato di fotografia, è andato in Egitto a fotografare le piramidi.

アンドレーアは写真に夢中で，ピラミッドを撮影しにエジプトへ行きました。

□ **appeso** つるされた

Le chiavi sono appese ad un gancio accanto alla porta.
鍵はドアのそばのフックにかけてあります。

☐ **arrabbiato** (〜に)怒った，立腹した(con ...)

So che Giulio è arrabbiato con me, perché ho perso il suo dizionario elettronico.
ジュリオが僕に怒っているのはわかっているよ。彼の電子辞書をなくしてしまったからね。

☐ **attento** (〜に)注意した，気をつけた(a ...)

Se state attenti alla spiegazione, non incontrerete nessuna difficoltà.
君たちがその説明に注意を払えば，どんな困難にもぶつからないでしょう。

☐ **attuale** 現在の，今日の，当面の

Lo stato attuale della nostra situazione finanziaria non ci permette di aumentare gli stipendi.
目下の私たちの財政状況では，給料の値上げはできません。

☐ **avventuroso** 冒険的な，危険に満ちた

Numerosi imprevisti hanno reso il nostro viaggio in India molto avventuroso.
たくさんの不測の事態が起きたので，私たちのインド旅行はとても危険に満ちたものになりました。

b ······························ 040

☐ **beato** 幸多い，幸福な

Sabrina è sempre bella ed elegante. Beata lei!
サブリーナはいつもきれいで優雅なの。彼女がうらやましいわ！

☐ **bicolore** 2色の

I giocatori di questa squadra portano una maglia bicolore, bianca e nera.
このチームの選手たちは白と黒の，2色のジャージを着ています。

☐ **bifamiliare / bifamigliare** 二世帯住宅の

Abitiamo in una villetta bifamiliare: in un appartamento vivo io con mia moglie, di fianco a noi abitano i miei cognati.
私たちは二世帯住宅に住んでいます。私は妻とその一区画に暮らし，その隣の区画に義兄夫婦が住んでいます。

☐ **bollente** 沸騰している，煮えている

Sta' attento a non bruciarti con l'acqua bollente.
熱湯でやけどしないように気をつけなさい。

☐ **breve** 短い，(距離が)近い 関連 **in breve** 手短に，ひと言で

Qual è la strada più breve per arrivare all'aeroporto?
空港へ行くのに，いちばん近い道はどれですか？

In breve, potrai verificare tutto quello che ti ho spiegato controllando i documenti.
早い話，資料を確かめれば，私があなたに説明したことがすべて確認できますよ。

☐ **brillante** 輝かしい，華々しい，つやのある

Ha fatto una brillante carriera come medico.
彼は医者として輝かしい業績をあげました。

La luce brillante del sole si riflette sulle onde del mare.
太陽のまぶしい光が，海の波に反射しています。

☐ **bruno** 褐色の，黒っぽい

Nicoletta è quella ragazza bruna e alta, con la maglia rossa.

ニコレッタは赤いポロシャツを着ていて，褐色の肌（髪）の，あの背の高い女の子です。

☐ **buio** 暗い，暗闇の，不安な

Quando mi sono svegliato, fuori era ancora buio.
僕が目覚めたとき，外はまだ暗かった。

Nel sentire quelle parole si fece buia in volto.
その言葉を聞くと，彼女は不安げな顔をしました。

C

041

☐ **calmo** 穏やかな，落ち着いた，静かな

State calmi. Non è un forte terremoto. Le scosse sono già finite.
みなさん落ち着いて。大きな地震ではありません。揺れはもう収まりましたよ。

☐ **castano** 栗色の，茶色をおびた

Francesca ha gli occhi e i capelli castani.
フランチェスカは目も髪も栗色です。

☐ **casuale** 偶然の

Giovanni e Silvia, che si sposano domani, si sono conosciuti in un incontro casuale a casa di un amico comune.
明日結婚するジョヴァンニとシルヴィアは，共通の友人宅での，偶然の出会いがきっかけで知り合いました。

☐ **chiaro** （色が）明るい，（考えが）明解な，わかりやすい

I colori chiari sono la tendenza della moda primaverile di quest’anno.
明るい色がこの春のファッションの傾向です。

□ **cieco** 目の見えない，盲目の，出口のない 関連 **alla cieca** やみくもに

L’amore è cieco.
愛は盲目である。

Non so proprio come fare: sono in un vicolo cieco.
僕はどうしていいのかわからないよ。行き詰まってしまったよ。

□ **colorato** 色付きの，着色された，染まった

Per lavare i capi colorati, è meglio usare un detersivo adatto.
色付きの生地を洗うには専用の洗剤を使う方がいいです。

□ **completo** 完全な，全部そろった 関連 **al completo** 満員の

Questo è il prezzo del computer completo di tutti gli accessori.
これが，付属品を全部そろえたパソコンの金額です。

L’albergo è al completo.
そのホテルは満室です。

□ **confortevole** （住居など）快適な，心地よい

Ho alloggiato in un albergo vicino al Duomo. La camera era pulita e confortevole.
私はドゥオーモの近くのホテルに泊まりました。部屋は清潔で快適でした。

□ **confuso** 混乱した，乱雑な，あいまいな

Le trattative sono così confuse che difficilmente potranno essere concluse in tempi brevi.
その交渉はたいへん混乱しているので，なかなか短期間ではまとめられないだろう。

La polizia gli ha chiesto quando e come fosse stato derubato, ma i suoi ricordi erano molto confusi.
警官は彼にいつ，どうやって盗まれたのかと聞いたが，彼の記憶はとてもあいまいだった。

□ **consueto** いつもの，習慣的な

Ho fissato un appuntamento con Carlo all'ora consueta.
私はカルロといつもの時刻に待ち合わせしました。

□ **contento** (〜に)満足した，(〜で)うれしい (di ...)

関連 **lieto** うれしい
felice 幸せな

Il padre è contento del successo del figlio.
父親は息子の成功をよろこんでいます。

Sono contento di averti rivisto.
君にまた会えてうれしいよ。

□ **coperto** 覆われた，(〜で)いっぱいの (di ...)，曇った

Per il ricevimento, Giulia intende indossare un abito da sera tutto coperto di lustrini.
レセプションで，ジュリアはスパンコールをちりばめたイブニングドレスを着るつもりです。

Il cielo era coperto.
空はどんより曇っていました。

□ **corretto** 正しい，間違いのない

関連 **caffè corretto** リキュール入りのコーヒー

Penso che quello che abbiamo stabilito sia il modo corretto per realizzare il progetto.
私たちが決めたものが，その計画を実現するのに最適な方法だと思います。

□ **corto** (距離・長さが)短い，(時間が)短い，はかない

Ho visto quel borsaiolo. Aveva i capelli corti e portava un berretto nero.
私はそのスリを見ました。髪は短くて，黒の帽子をかぶっていました。

□ **costoso** 高価な，代償の大きい

Quest’anno abbiamo ripiegato su vacanze poco costose.
今年は，私たちはお金のかからないバカンスですませました。

□ **cotto** (加熱して)調理した，焼いた，煮た

In quel ristorante si può mangiare dell’ottimo pesce cotto alla griglia.
そのレストランでは，すばらしくおいしい魚のグリルを食べられます。

□ **curioso** 好奇心旺盛な，(～を)知りたがる(di ...) / 変わった，妙な

Sarei curiosa di sapere se davvero quella storia sia vera, o se si tratti solo di un pretesto.
私はあの話が本当に真実なのか，それとも単なる口実なのか知りたくてしかたがないのですが。

Quella signora ha delle teorie curiose sulla cura dei bambini.
あの女性は子育てについて一風変わった考えを持っています。

d ······························ 042

□ **debole** 弱い，わずかな，乏しい

Giovanni è certamente una persona onesta e seria; purtroppo però è debole di carattere.
ジョヴァンニは確かに誠実でまじめな人ですが，残念ながら意思が弱いのです。

□ **decorato** 装飾された，飾られた

Per la mia ragazza, vorrei comprare uno di questi gioielli decorati con pietre preziose.
彼女のために，この宝石で装飾された宝飾品の１つを買いたいなあ。

□ **delicato** 繊細な，虚弱な，(扱いなどが)難しい

È un problema delicato, preferisco non parlarne.
微妙な問題なので，私はその話はしたくありません。

☐ **differente** 異なった，違った，別の

Fisicamente assomiglio molto al mio fratello maggiore, ma di carattere siamo completamente differenti.
僕は体格的には兄とよく似ていますが，僕らの性格はまったく違います。

☐ **disponibile** 使用［利用］できる，（～に）役に立てる，（～する）用意がある（a ...）

La camera numero 201 è ancora disponibile.
201 号室はまだ空いています。

Sono sempre disponibile alla collaborazione.
私はいつでも協力する用意があります。

☐ **distratto** 気が散った，うかつな，ぼんやりした

Sull'autobus, ero così distratto che non mi sono accorto che dovevo scendere.
バスに乗っていたらついぼんやりしてしまい，降りなければいけないのに気がつきませんでした。

☐ **distrutto** 破壊された，消耗した，憔悴した

Ieri ho passato tutto il giorno a cercare i regali di Natale e la sera ero distrutta dalla stanchezza.
昨日，私は一日中クリスマスプレゼントを探して回り，夜は疲れてくたくたでした。

☐ **divertente** 楽しい，おもしろい

Si dice che lo sport più divertente in Italia sia il calcio.
イタリアでいちばん楽しめるスポーツはサッカーだそうです。

☐ **domestico** 家の，家庭の，家畜の

L'animale domestico per eccellenza è il cane.
ペットの代名詞的存在といえば犬です。

☐ **dorato** 金色の，金めっきの，金箔の

Ho fatto incorniciare il quadro in una cornice dorata di stile antico.
私はその絵を古い様式の金色の額縁にはめさせました。

e　043

☐ **eccezionale** （肯定的に）例外的な，並外れた，すごい

Quel cantante ha un talento eccezionale.
その歌手は人並外れた才能があります。

Ti consiglio di vedere quel film perché è davvero eccezionale.
本当にすばらしいので，君にその映画を見ることをすすめるよ。

☐ **economico** 経済の，経済的な，安上がりな

Molte famiglie stanno incontrando seri problemi economici a causa della crisi.
危機的な状況が原因で，多くの家庭が深刻な経済問題に直面しつつあります。

In Italia il gas è più economico dell'elettricità.
イタリアではガスは電気よりも安いです。

☐ **elementare** 基礎の，基本的な，初歩的な

Ho solo conoscenze elementari di fisica.
私には，物理学の基礎知識しかありません。

☐ **elettrico** 電気の

Questa stufa elettrica scalda senza produrre fumo o cattivi

odori.
この電気ストーブは煙やいやな臭いを出さずに暖めます。

□ **elettronico** 電子の，電子工学の

La posta elettronica è ormai fra i mezzi di comunicazione più diffusi nel mondo.
電子メールは，今や世界で最も普及した通信手段のひとつです。

Questo dizionario elettronico è molto facile da usare.
この電子辞書はとても使いやすい。

□ **enorme** 巨大な，莫大な，並外れた

Questa valigia è enorme! Come fai a portarla?
このスーツケースはでっかいなあ！　君はどうやって持ち運ぶの？

Il concerto ha avuto un enorme successo.
演奏会は大成功でした。

□ **equilibrato** バランスのよい，釣り合いのとれた

Quando si desidera dimagrire, è importante che l'alimentazione sia equilibrata.
やせたいと思うとき，食事をバランスよくすることが大切です。

□ **esotico** 異国風の，エキゾチックな，奇妙な

Negli ultimi tempi, in città hanno aperto molti ristoranti esotici.
最近，町なかにエキゾチックなレストランがたくさんオープンしました。

f ······························ 044

□ **familiare** 家庭の，家庭的な，気楽な，慣れた

Alloggio sempre in questo albergo, perché mi piace l'atmosfera familiare.
家庭的な雰囲気が好きなので，私はいつもこのホテルに泊まります。

È un sapore che mi è molto familiare.
私の慣れ親しんだ味です。

□ **famoso** (～で)有名な (per ...)

Questa regione è famosa per la qualità del vino.
この地方は質の良いワインで有名です。

□ **fantastico** 空想の，すばらしい，見事な

La festa di ieri è stata fantastica.
昨日のパーティーはすばらしかったです。

□ **femminile** 女性の，女性らしい 関連 **maschile** 男性の

La moda di quest'anno prevede abiti di taglio morbido e molto femminile.
今年の流行ファッションは，柔らかいカッティングのとても女性的な服だと予想されます。

□ **feriale** 平日の

Quel locale è aperto nei giorni feriali dalle cinque alle dieci, il sabato dalle sei alle dodici, e la domenica è chiuso.
その飲み屋さんは平日は5時から10時まで，土曜日は6時から12時まで開いていて，日曜日はお休みです。

□ **festivo** 祝祭日の，休みの

Siccome parti di domenica, assicurati di controllare l'orario festivo.
君は日曜日に出発するのだから，休日用の時刻表を見ているか確認しなさい。

□ **fortunato** 運のよい，幸運な

Siamo stati molto fortunati a trovare un albergo all'ultimo

momento, in questo periodo di alta stagione.
このようなハイシーズンに，ぎりぎりでホテルが見つかるなんて私たちはついていました。

□ **fotografico** 写真の

Giorgio colleziona libri fotografici dei luoghi dichiarati Patrimonio dell’Umanità.
ジョルジョは世界遺産に登録された場所の写真集を集めています。

□ **fresco** 涼しい，冷えた，新鮮な

Il riso va conservato in un luogo fresco.
米は涼しい場所で保存されなければなりません。

Questa mozzarella di bufala è freschissima.
この水牛のモッツァレッラはとても新鮮です。

□ **funzionale** 機能的な，機能性のある

Questa scrivania è molto pratica e funzionale, ma esteticamente non è granché.
この書き机はたいへん実用的で機能的ですが，美的にはたいしたことはありません。

g

045

□ **geloso** 嫉妬深い

Tutte sembravano gelose quando hanno visto la bellezza di Anna.
アンナの美しさを目にしたとき，誰もが嫉妬しているように思われました。

La mia bambina è diventata un po’ gelosa dopo la nascita del fratellino.
私の娘は，小さい弟が生まれたあと，ちょっとやきもち焼きになりました。

☐ **giusto** 公平な，正当な，正しい

È giusto spiegare le ragioni per cui abbiamo deciso di compiere questa scelta.
私たちがこの選択をやり遂げようと決めた理由を説明することは正しいことだ。

Stefano è arrivato proprio al momento giusto.
ステーファノはちょうどいい時にやって来ました。

☐ **gonfiato** ふくらんだ，膨張した

関連 **un pallone gonfiato**（成句）見かけ倒し，うぬぼれ屋，ほらふき

Il mio direttore è un pallone gonfiato.
私の上司は見かけ倒しです。

☐ **gonfio** ふくらんだ

Ho battuto un ginocchio e ora è tutto gonfio.
私は膝をぶつけてしまい，今は全体に腫れています。

☐ **grasso** 太った，肥満の，油（脂）っこい 関連 **magro** やせた

I ragazzi prendono in giro Ciccio perché è grasso.
子供たちは，太っているのでチッチョをからかいます。

I cibi grassi, come ad esempio le fritture, non mi piacciono.
たとえばフライのような脂っこい食べ物が，私は嫌いです。

☐ **gratuito** 無料の，無償の

Nei fine settimana l'ingresso al museo per gli anziani è gratuito.
週末は，高齢者の美術館への入場が無料です。

☐ **grave** 重大な，深刻な，重々しい

Mio nonno è stato ricoverato in ospedale, ma per fortuna non era niente di grave.
私の祖父は病院に入れられましたが，幸いたいしたことはありませんでした。

La neve di ieri ha causato gravi danni.
昨日の雪で重大な被害が出ました。

□ **grazioso** かわいらしい，優美な，快適な

Ho trovato un gioiello grazioso che piacerà sicuramente alla mia ragazza.
僕は彼女がきっと気に入りそうなかわいらしいジュエリーを見つけました。

□ **grosso** 大きな，巨大な

Vedi quell’uomo grosso con la pancia? Era un mio compagno delle elementari.
あのお腹の出た太った男の人が見える？　彼は僕の小学校の同級生だったんだよ。

i 046

□ **illustrato** 挿絵のついた，図解入りの

I bambini si sono divertiti sfogliando libri illustrati.
子供たちは絵本のページをめくりながら楽しんでいました。

□ **immerso** 浸された，沈んだ，没頭した

Maria sembra immersa nei suoi pensieri; chissà a cosa sta pensando!
マリーアは思いにふけっているようだけど，何を考えているかなんてわからないよ！

□ **immobiliare** 不動産の

Se vuoi trovare un appartamento economico e comodo, ti consiglio di andare in quell'agenzia immobiliare vicino all'università.
もし安くて便利なアパートを見つけたいのなら，あの大学のそばの不動産会社へ行くことをおすすめするよ。

□ **impegnato** 忙しい，予約された，拘束された

In questi giorni sono impegnato nella preparazione della manifestazione.
僕は最近，イベントの準備で忙しくしています。

Non posso venire da te stasera, perché sono già impegnato.
先約があるので，今夜君のところへは行けないよ。

□ **inaspettato** 意外な，予期しない

La visita inaspettata di una vecchia amica mi ha fatto un grande piacere.
古い友人の予期せぬ訪問は，たいへん私をよろこばせてくれました。

□ **indispensabile** (～に)不可欠の，絶対に必要な (a ...; per ...)

È indispensabile sapere bene l'inglese per questo lavoro.
この仕事には，どうしても十分な英語の知識が必要です。

□ **inferiore** (より)下の，下位の，劣る (a ...)
関連 **superiore** (より)上の

Al piano inferiore abita un professore universitario in pensione, molto simpatico.
下の階には年金生活に入った大学の教授が住んでいて，とても感じのよい方です。

□ **insipido** 無味の，味気ない

Questa minestra è insipida: mi sembra meglio aggiungere un po' di sale e pepe.

このスープは味がないですね。少し塩とコショウを足したほうがよいように思います。

□ **intenso** 激しい，厳しい，熱烈な

Intorno alle otto, il traffico in questa strada si fa più intenso.
８時頃，この通りの交通はいっそう激しくなります。

Il freddo si farà più intenso in febbraio.
２月には寒さがさらに厳しくなるでしょう。

□ **intero** 全部の，丸ごとの，完全な

Per il matrimonio abbiamo prenotato un intero ristorante.
結婚式のために，私たちはレストランを全部借り切りました。

Le manifestazioni previste per il Carnevale durano un'intera settimana.
カーニバルで予定されたイベントは，丸一週間続きます。

□ **inutile** 役に立たない，むだな 関連 **utile** 有益な

È inutile che ti arrabbi con me, sei tu che hai sbagliato.
君が僕に怒ってもむだだよ。間違ったのは君だよ。

l ・・・・・・・・・・・・・・・・ 047

□ **lineare** 線の，線状の，直線的な

Mi piace il disegno lineare e semplice di questa libreria.
私はこの書店の直線的でシンプルなデザインが好きです。

m ・・・・・・・・・・・・・・・・ 048

□ **maggiore** （grande の比較級）より大きい，より優れた
関連 **minore** より小さい

La maggior parte degli studenti riesce a superare questo esame

alla prima prova.
学生の大半が一次選考で，この試験に合格できます。

Il marito della mia sorella maggiore è spagnolo.
私の姉の夫はスペイン人です。

☐ **magro** やせた

Sabrina è magra, anche se mangia tanto: beata lei!
たくさん食べるのに，サブリーナはやせているの。彼女がうらやましいわ！

☐ **malato** 病気の，患った，痛んだ 関連 **sano** 健康な

Quel famoso scrittore, malato da molti anni, è scomparso la settimana scorsa.
その有名な作家は，長年病気を患っていましたが，先週亡くなりました。

☐ **massimo** （grandeの絶対最上級）非常に大きい，最大の

Provvedere al soccorso delle vittime rappresenta un problema della massima urgenza.
被害者救出の対策を講じることは，一刻を争う課題となっています。

Ieri sera ho guardato l’incontro dei pesi massimi alla tv.
昨夜私はヘビー級の試合をテレビで見ました。

☐ **maturo** 熟した，成熟した，円熟した

Se il tempo sarà favorevole, l’uva sarà matura in settembre.
天気が順調ならば，ブドウは９月に熟するでしょう。

Nonostante la sua giovane età, Giulio si comporta sempre da persona matura.
年若いのに，ジュリオはいつも円熟した人のようにふるまいます。

☐ **medicinale** 医学の，薬の，薬効のある

Queste erbe sono ben note per le loro virtù medicinali.

これらの草はその薬効でよく知られています。

□ **migliore** （buonoの比較級）よりよい，より優れた

La dieta che mi ha dato il medico ha portato risultati migliori del previsto.

医師が教えてくれたダイエットは私に予想以上の成果をもたらしました。

Quella studentessa è la migliore di tutta la classe.

その女子生徒はクラス中でいちばんできがよいです。

◇定冠詞＋比較級 で相対最上級「（～のうちで）最も…である」となります。

□ **moderato** 控えめな，ほどよい，節度ある

La signora Negri è moderata nel parlare.

ネグリさんは控えめにものを言う人です。

Aggiungete brodo al riso e fate cuocere a fuoco moderato.

米にスープを加え，中火で煮てください。

Ecco le previsioni del tempo di oggi: al Sud cielo nuvoloso e venti moderati da Nord.

今日の天気予報です。南部は曇り空で，北からの穏やかな風が吹くでしょう。

□ **moderno** 現代の，近代の，最近の，モダンな

Quello scrittore ha rielaborato alcune opere classiche in lingua moderna.

あの作家は，いくつかの古典作品を現代語訳しました。

□ **morbido** 柔らかい，柔軟な

Questa crema idratante mantiene la pelle morbida e liscia.

この保湿クリームは肌を柔らかくすべすべに保ちます。

□ **mosso** 動きのある，荒れた / （髪）ウエーブのかかった

Non possiamo andare a pesca perché oggi il mare è mosso.

今日は海が荒れているので，私たちは漁に出られません。

I capelli di Lucia sono bellissimi, lunghi e mossi.
ルチーアの髪はとても美しく，長くてウエーブがかかっています。

☐ **muscoloso** 筋骨たくましい

I ciclisti hanno gambe muscolose.
自転車の選手の足は，たくましい筋肉をしています。

n 049

☐ **natalizio** クリスマスの，誕生の

In Italia, durante le vacanze natalizie si mangiano dolci tradizionali, come, ad esempio, il panettone.
クリスマスの休暇中，イタリアでは，たとえばパネットーネのような，伝統的なお菓子が食べられます。

☐ **negativo** 否定的な，思わしくない

La costruzione della diga in questa zona comporterà molti effetti negativi sull’ambiente.
この地域にダムを建設すれば，環境に大きな悪影響を及ぼすでしょう。

☐ **nervoso** 神経質な，いらだった，落ち着きのない

Del caffè si dice che rende nervosi, che non fa dormire, che alza la pressione.
コーヒーについては，（私たちを）神経質にし，眠れなくし，血圧を上げると言われています。

Giuliana si sente nervosa perché domani ha un esame importante.
ジュリアーナは明日大事な試験があるので，落ち着きがありません。

☐ **netto** はっきりした，明快な / 正味の

Il prezzo di questi due articoli è diverso perché c'è una netta differenza di qualità.
この2つの商品は，品質に明らかな違いがあるので，値段が違います。

Il peso netto è di 120 grammi.
正味重量は120グラムです。

☐ **noioso** 退屈な，つまらない

La partita che abbiamo visto ieri era proprio noiosa.
昨日僕たちが見た試合はまったくもってつまらなかったよ。

☐ **notturno** 夜の，夜間の

Dopo aver visto l'opera, siamo tornati a casa con l'autobus in servizio notturno.
オペラを見たあと，私たちは終夜運転のバスで家に帰りました。

☐ **nudo** 裸の，むき出しの

Stavamo facendo una passeggiata a piedi nudi sulla spiaggia.
私たちは裸足で浜辺を散歩していました。

☐ **numeroso** 数の多い，おびただしい

Quest'anno si sono registrati numerosi casi di influenza aviaria.
今年は鳥インフルエンザの発生例が多数記録されました。

O 050

☐ **obbligatorio** 義務的な，強制的な

Prima di salire sul treno è obbligatorio timbrare il biglietto.
電車に乗る前に，切符に日付のスタンプを押すことは義務です。

☐ **onesto** 誠実な，正直な

Per esperienza, ti posso dire che quell'uomo non è onesto come sembra.
経験上言えることだが，あの男は見た目ほど誠実ではない。

☐ **opposto** 向かい側の，反対の

Quando scendete, state attenti alle macchine che viaggiano in direzione opposta.
降りるとき，対向車に気をつけなければいけないよ。

☐ **ottimo** （buonoの絶対最上級）とても良い，最高の，極上の

Luigi si è laureato con ottimi voti.
ルイージはすばらしい成績で大学を卒業しました。

Questo forno a microonde è di ottima qualità.
この電子レンジは最高の品質です。

p ········ 051

☐ **parecchio** かなり多くの，相当な

Purtroppo, quest'anno abbiamo dovuto sostenere parecchie spese e non potremo passare il Capodanno a Parigi come avevamo programmato.
私たちは，今年はかなりの費用を負担せねばならなかったので，あいにく当初の計画どおりパリで正月を過ごすことはできないでしょう。

☐ **peggiore** （cattivoの比較級）より悪い，より劣った

Spesso la medicina è peggiore della malattia.
病気より薬のほうが悪いことはよくあります。

☐ **perfetto** 完全な，申し分のない

Kuniko parla benissimo l'italiano. È un'interprete perfetta.
久仁子さんはとても上手にイタリア語を話します。彼女は申し分のない通訳ですよ。

□ **personalizzato** 個人に合わせた，好みに合わせた

La maglietta può essere personalizzata con illustrazioni di vostra scelta.

T シャツは，みなさんの選んだ絵柄を付け，好みに合わせられます。

□ **piacevole** 愉快な，楽しい，心地よい

Niente è così piacevole come fare due chiacchiere fra buoni amici davanti a un bicchiere di vino.

仲のよい友達と 1 杯のワインを前にしておしゃべりすることほど楽しいことはありません。

Per la prima volta abbiamo preso l'Eurostar ed abbiamo potuto fare un viaggio piacevole.

私たちは初めてユーロスターに乗りましたが，快適な旅ができました。

□ **piccante** 辛い

Le penne all'arrabbiata sono un piatto un po' piccante.

ペンネ・アラビアータはちょっと辛い料理です。

□ **positivo** 肯定的な，好意的な 関連 **negativo** 否定的な

Mi ha dato una risposta positiva.

彼は私に好意的な答えをくれました。

□ **povero** 貧しい，みすぼらしい，かわいそうな

Pur essendo nato in una famiglia povera, si è mantenuto da solo agli studi ed è diventato avvocato.

彼は貧しい家庭に生まれましたが，一人で猛勉強し，弁護士になりました。

Povero(a) me!

かわいそうな僕（私）！ / 弱ったな！

□ **pratico** 実際の，実践的な，実用的な

Mi sono comprata una nuova agenda molto pratica.
私はとても実用的な新しい手帳を自分用に買いました。

☐ **preciso** 正確な, 厳密な 関連 **esatto** 正確な
di preciso 正確に

Mi sono iscritto alla Facoltà di Economia senza una ragione precisa.
僕はこれといった理由もなく, 経済学部に入学しました。

Non so di preciso dove si trovi la fermata del 32, ma dovrebbe essere qui vicino.
32番のバスの停留所がどこにあるのか正確には知らないのだけど, この辺にあるはずだよ。

☐ **pressante** 緊急の, 切迫した

Molte aziende in questo periodo incontrano pressanti problemi finanziari.
近頃は多くの企業が切迫した財政問題に直面しています。

☐ **principale** 主要な, 重要な, メインの

Il prodotto principale di questa regione è l'olio d'oliva.
この地方の主要産物はオリーブ油です。

☐ **profumato** 香りのついた, かぐわしい

Questo detersivo rende il vostro bucato morbido e profumato!
この洗剤はみなさん方の洗濯物を柔らかく, そして香りよくします！

☐ **proibito** 禁じられた 関連 **vietato** 禁じられた

In questo locale è proibito fumare.
この店では喫煙は禁じられています。

☐ **pronto** (〜の; 〜する)準備ができた(a ...; a+不定詞) / すばやい

関連 **Pronto.** (電話で)もしもし。

L'aereo era pronto a decollare.
飛行機は離陸の準備が整っていました。

Ha chiarito le mie perplessità con una risposta pronta e molto ragionevole.
彼は私のあいまいさを，すばやい，理路整然とした回答ですっきりさせてくれました。

☐ **pubblico** 公共の，万人の

Ormai è più comune usare i cellulari che i telefoni pubblici.
いまや公衆電話よりも携帯電話のほうが一般的です。

☐ **puro** 純粋な，混じりけのない

Il nostro cane è un levriero di razza pura.
うちの犬は純血種のグレーハウンドです。

Secondo me questo giardino è pura arte.
思うに，この庭は芸術そのものです。

q

052

☐ **quadrato** 四角い，((数学)) 平方の

Gli ho regalato un orologio di forma quadrata, con il cinturino in metallo.
私は彼に金属のベルトがついた四角い時計をプレゼントしました。

Questo campo ha una superficie di circa mille metri quadrati.
この畑は約1000平方メートルの表面積を持っています。

☐ **quotidiano** 日常の，毎日の

Saper guidare è indispensabile per la vita quotidiana.
運転ができることは，日常生活には欠かせません。

☐ **radicale** 根元の，根本的な / 過激な，急進的な

In questo momento, per la nostra società è necessaria una riforma radicale.

今や私たちの会社には根本的な改革が必要です。

Un approccio radicale non rappresenta sempre il modo migliore per la soluzione dei problemi.

急進的な取り組みが，必ずしも問題解決の最良の方法というわけではありません。

☐ **recente** 最近の

Secondo una recente indagine, la maggioranza dei giovani è delusa dai politici.

最近の調査によれば，若者の多くが政治家に失望しています。

☐ **religioso** 宗教の，信仰の厚い

Per quanto possa sembrare strano, il Carnevale è una festa di origine religiosa.

奇妙に見えるかもしれませんが，カーニバルは宗教的な起源をもつ祝祭です。

Mia nonna è una persona molto religiosa.

私の祖母はたいへん信仰心の厚い人です。

☐ **restante** 残っている，残余の

Sarà nuvoloso al Nord e al Sud. Farà bel tempo sulle restanti regioni.

北部と南部は曇りでしょう。それ以外の地域ではよい天気になるでしょう。

☐ **ricamato** 刺繍が施された

Sì, quella è la mia giacca: c'è il mio nome ricamato sulla tasca

interna.
ええ，あれが私の上着ですよ。内ポケットに私の名前が刺繍されていますよ。

□ **rigido** かたい，硬直した / 厳しい

Per il prossimo viaggio, mi procurerò una valigia più rigida.
次の旅行にはもっと硬いスーツケースを持って行きます。

Sulle Alpi gli inverni sono rigidi.
アルプス地方の冬は寒さが厳しいです。

Mio nonno aveva un carattere rigido, ma era molto generoso.
私の祖父は厳しい性格でしたが，とても心の広い人でした。

□ **robusto** 丈夫な，頑丈な，たくましい 関連 **debole** 弱い

Roberto è un ciclista robusto e muscoloso.
ロベルトは筋骨隆々とした自転車競技の選手です。

Questo è un vino robusto.
これはアルコールの強いワインです。

□ **romantico** ロマンティックな，感傷的な，ロマン主義の

Dopo cena abbiamo fatto una passeggiata romantica lungo il mare.
夕食のあとで，僕たちは海辺でのロマンティックな散歩をしました。

□ **rotondo** 丸い，円形の 関連 **tondo** 丸い

Nella sala delle riunioni, c’erano sei tavoli rotondi e ad ogni tavolo erano sedute otto persone.
会議室には６つの円卓があり，それぞれに８名が座っていました。

S ・・・・・・・・・・・・・・・・・・・・ 054

□ **sano** 健康な，健全な 関連 **malato** 病気の

Il loro bambino cresce sano.
彼らの子供は健やかに育っています。

Chi va piano, va sano e va lontano.
(諺)ゆっくり行く者は安全に遠くまで行く。(急がば回れ。)

☐ **sbarbato** ひげをそった

Ho visto scappare dalla finestra un uomo dal viso tondo e non sbarbato.
私は丸顔で無精ひげをはやした男が窓から逃げていくのを見ました。

☐ **scandaloso** 良識を疑わせるような, スキャンダラスな, あきれるような

Spesso le celebrità hanno un atteggiamento scandaloso.
セレブの女たちはしばしばあきれた態度をとるものだ。

☐ **scattante** 迅速な, すばやい, はねる

Gino ha comprato una nuova macchina veloce e scattante.
ジーノはスピードの出る, 出足のよい新車を購入しました。

☐ **scomodo** 不便な, 快適でない, やっかいな

Questo bagno è scomodo, perché è troppo piccolo.
このバスルームは小さすぎるので, 使い勝手が悪いです。

A parte il fatto che sia un po' lontana dalla stazione, questa zona non è tanto scomoda.
駅からやや遠いことを除けば, この地域はそんなに不便ではありません。

☐ **scuro** 暗い, (色が)黒っぽい

Il colore di questa giacca è troppo chiaro e non mi piace molto. Potrebbe farmene vedere una più scura?
このジャケットの色は明るすぎて, あまり好きではありません。もっと黒っぽいものを見せていただけますか?

□ **secco** 乾いた，乾燥させた，干上がった

La frutta secca si mangia tradizionalmente nel periodo natalizio.
ドライフルーツは伝統的にクリスマスの時期に食べられます。

□ **seguente** 次に続く

Osservate la pagina seguente, dove sono riportati tutti i dati del sondaggio d'opinione.
次のページをご覧ください。そこに世論調査のデータがすべて記載されています。

□ **semplice** 簡単な，素朴な，シンプルな

Oggi è diventato semplice fare acquisti via Internet.
今ではインターネットでのショッピングが簡単になりました。

□ **severo** 厳しい，過酷な

Tutti gli studenti sanno che quel professore è molto severo.
あの教授がとても厳しいのは，すべての学生が知っています。

□ **sfortunato** 不運な，つきのない，よい結果が得られない
関連 **fortunato** 幸運な

È stato un anno sfortunato per il mio lavoro.
今年は私の仕事にとっては，つきのない年でした。

□ **sicuro** 安全な，確かな

Ai bambini piace andare al parco, ma per loro non è sempre un posto sicuro.
子供たちは公園へ行くのが好きですが，彼らにとって必ずしも安全な場所というわけではありません。

Sono sicuro che ce la farai.
君ならできると僕は確信しているよ。

□ **simile** （〜に）似た，（〜と）同様（同種）の（a …）

Anche in Italia ci sono usanze simili a questa.

イタリアにもこれに似た習慣があります。

□ **sincero** 率直な，誠実な

Ad essere sinceri, questo appartamento è troppo caro per la posizione in cui si trova.

率直に言えば，このマンションは立地のわりには高すぎます。

Lo consideravo un amico sincero, ma evidentemente mi sbagliavo.

僕は彼を誠実な友達だと思っていたけれど，明らかに思い違いだったよ。

□ **soddisfatto** （〜に）満足した，満ち足りた（di …）

Mia moglie ed io non siamo per niente soddisfatti dell’appartamento.

妻と私はそのマンションにまったく満足していません。

□ **sospetto** 怪しい，疑わしい

Rifiutiamo di vendere merci di provenienza sospetta.

出所の怪しい商品を売ることはお断りしています。

□ **sospettoso** 疑い深い

Il poliziotto l’ha guardato con occhi sospettosi.

警官は彼を疑い深い目で見ました。

□ **sottile** 薄い，細い

Lo chef ha posato la bistecca su un tavolino accanto alla nostra tavola e l’ha tagliata a fette sottili.

シェフは私たちのテーブルのそばの台にステーキを置いて，薄く切ってくれました。

☐ **spaesato** （環境の変化に）戸惑う，なじめない

All'inizio in questa città mi sentivo spaesata, perché ero troppo abituata alla vita in campagna.

私は田舎の生活に慣れ過ぎていたので，当初はこの町に戸惑いを感じていました。

☐ **sparso** 散らばった，散在する，まき散らした

Sto controllando il conto della spesa e ho lasciato tutte le cose sparse sul tavolo.

私は経費の清算をしているところなので，すべてのものを机の上に散らかしっぱなしにしてしまいました。

Le previsioni del tempo per domani: temporali sparsi sul Nord.

明日の天気予報です。北部ではところにより雷雨。

☐ **spiritoso** ユーモアたっぷりの，おもしろい

Non vedo l'ora di vedere Mario, perché racconta sempre storie spiritose.

いつもおもしろい話をしてくれるので，マリオに会うのが待ち遠しいです。

☐ **sporco** 汚い，汚れた

Ragazzi, non dovete mangiare con le mani sporche! Lavatevele subito.

あなたたち，汚れた手で食事をしないでね！　すぐに洗ってらっしゃい。

Il bambino ha la bocca sporca di panna.

その子の口に生クリームがべっとりついています。

☐ **sposato** 結婚した

Il numero delle coppie conviventi non sposate è in continuo aumento.

結婚せずに同居するカップルの数は増える一方です。

☐ **stesso** 同じ，同様の / ～自身，自ら

関連 **lo stesso**（副詞的）いずれにしろ，やはり

Sono stufo di fare sempre lo stesso lavoro.

僕はいつも同じ仕事ばかりするのにうんざりしています。

Gli ho detto io stessa che il suo comportamento non era adeguato.

彼の態度は良くなかったと，私自ら彼に言いました。

Anche se ci sarà un temporale, dovrò uscire lo stesso.

嵐になっても，どのみち私は出かけなければならないでしょう。

☐ **strano** 奇妙な，変な，おかしな

Non c'era niente di strano nel suo comportamento, mi è sembrato solo un po' stanco.

彼の態度におかしなことは何もなかったのですが，ただちょっと疲れているように見えました。

☐ **strappato** 破れた，ほころんだ

Il soldato aveva i pantaloni rotti e strappati e sembrava ferito a un piede.

兵士はぼろぼろに破れたズボンをはいていて，足にけがを負っているようでした。

☐ **stretto** 狭い，窮屈な

Troverete la chiesa in fondo a questa strada stretta.

この細い道の突き当たりに教会があるのがわかるでしょう。

Questi pantaloni mi stanno stretti.

このズボンは私には窮屈です。

☐ **stufo** （～に）あきた，うんざりした（di ...）

Sono andata a tagliarmi i capelli, perché ero stufa di portarli sempre lunghi.
私はずっと髪を長くしているのにあきたので，髪を切りに行きました。

☐ **superiore** （より）上の，上位の，まさる（a ...）
関連 **inferiore** （より）下の

La giovane coppia che abita al piano superiore è molto simpatica.
上の階に住んでいる若い夫婦はとても感じがよいです。

L'offerta è superiore alla domanda.
供給が需要を上回っています。

☐ **sveglio** 抜け目ない，利発な，機転のきく

Il figlio di Gino è sveglio e pieno di vita.
ジーノの息子は利発な子で，元気いっぱいだ。

t 055

☐ **terriero** 土地の

Dicono che Marisa si sposerà con un ricco proprietario terriero.
マリーザはお金持ちの土地所有者と結婚するらしいです。

☐ **tondo** 丸い 関連 **rotondo** 丸い

Massimo è un po' grasso, basso e ha il viso tondo.
マッシモは少し太っていて，背が低く，丸顔です。

☐ **trasparente** 透明な，光を通す

Versate il vino rosso in una caraffa di vetro trasparente.
赤ワインを透明なガラスのデカンタに注いでください。

□ **tropicale** 熱帯の，熱帯性の

Per le vacanze penso di andare in un posto caldo e tropicale, per esempio in Costa Rica.
バカンスには，たとえばコスタリカのような，暑い熱帯の土地に行こうかと思っています。

u 056

□ **uguale** 等しい，同等の，似たような

A un occhio inesperto questi due dipinti sembrano uguali, ma uno è un falso.
素人の目にはこの２枚の絵は同じように見えますが，１枚は偽物です。

□ **urbano** 都市の，都会ふうの

C’è molta differenza nella densità della popolazione delle zone urbane e rurali.
都会と農村地帯の人口密度には大きな違いがあります。

Vorrei sapere il costo di una telefonata urbana.
市内通話の料金を知りたいのですが。

□ **utile** 役に立つ，有益な，有効な 関連 **inutile** むだな

Per fare carriera è utile conoscere molte lingue.
たくさんの言葉（外国語）ができることは出世するのに役立ちます。

Mi ha dato dei consigli utili.
彼は私に有益なアドバイスをくれました。

v 057

□ **variabile** 変わりやすい

In questa stagione, il tempo è estremamente variabile.
この季節は天候の変化が激しいです。

□ **velenoso** 有毒な

Sei sicuro di saper riconoscere i funghi velenosi?
君は本当に毒キノコを見分けられるの？

□ **vietato** 禁じられた 関連 **senso vietato** 進入禁止
sosta vietata 駐車禁止

In questo museo è vietato scattare fotografie.
この博物館のなかでは撮影は禁止です。

□ **violento** 暴力的な，乱暴な，激しい

È un film violento ma avvincente.
暴力的だが，人を魅了する映画です。

Le piogge violente di questi giorni hanno causato molti danni.
この数日の激しい雨は多くの災害を引き起こしました。

□ **vistoso** 目立つ，派手な

A Carnevale, Luisa si è vestita da dama del Medioevo ed ha indossato tanti accessori vistosi.
ルイーザはカーニバルで中世の貴婦人に扮し，たくさんのきらびやかなアクセサリーを身につけました。

□ **vivace** 活発な，生き生きとした，鮮やかな

Giulietta è una ragazza molto vivace e allegra.
ジュリエッタはとても活発で陽気な女の子です。

Gianfranco porta sempre cravatte vivaci.
ジャンフランコはいつも派手なネクタイをしています。

□ **vivo** 生きている，活発な

Il ricordo dei nonni è ancora vivo in me.
祖父母との思い出はまだ私の心に生きています。

副詞

058

a

□ **addirittura** ～さえ，～すら / ただちに，率直に

Un chilo di noci a Torino costa 6 euro, a Bari 8 euro e a Firenze addirittura 14 euro.
クルミ1キロがトリノでは6ユーロ，バーリで8ユーロ，そしてフィレンツェではなんと14ユーロもします。

Di solito per andare al lavoro mi bastano 40 minuti, ma, per la nevicata di stanotte, avevo paura di fare tardi e sono uscita di casa addirittura due ore prima del solito.
ふだん仕事に行くのに40分あれば十分なのですが，昨晩の雪のために遅れるのが心配で，私はいつもより2時間も前に家を出ました。

□ **alquanto** 多少，いくらか / だいぶ，かなり

Stefano lascia alquanto a desiderare come caposquadra.
ステーファノはリーダーとしては少しもの足りないところがあります。

Dopo aver discusso alquanto animatamente, sono giunti ad un accordo.
かなり活発な議論をしたあとで，彼らは同意に達しました。

□ **altrimenti** ほかのやり方で，～とは別に / さもないと

Non si potrà fare altrimenti.
ほかにやりようがないだろう。

Scriviti l'indirizzo, altrimenti lo dimentichi.
住所を書いておきなさい，さもないと忘れてしまうよ。

□ **apposta** わざと，故意に

Non credo che l'abbia fatto apposta.
私は彼がそれをわざとやったのではないと思います。

Ho comprato questo vino apposta per lui, perché so che è un intenditore.
私はこのワインをわざわざ彼に買ったのですよ。彼がワイン通なのを知っていますからね。

□ **appunto** まさに，ちょうど，ぴったり

Stavo appunto pensando di venire da te.
ちょうど君のところへ行こうかと思っていたところだよ。

□ **assai** 大いに，とても，たいへん

In questo periodo è assai difficile prenotare un albergo.
この時期，ホテルを取るのはたいへん難しいです。

□ **attorno** 周りに，周辺に

Seduti attorno al camino abbiamo chiacchierato fino a tardi.
私たちは暖炉の周りに座って，遅くまでおしゃべりをしました。

c

□ **comunque** とにかく，いずれにしても

Non mi aspettavo di fare in tempo per l'inizio dell'opera, ma comunque ho preso un taxi.
オペラの開演には間に合わないと思いましたが，とにかく私はタクシーに乗りました。

d

□ **dappertutto** どこでも，至るところに

Ho cercato dappertutto, ma non sono riuscita a trovare il biglietto da visita del dottor Bruni.
あちこち探しましたが，ブルーニ氏の名刺は見つかりませんでした。

□ **davvero** 本当に，まったく

Quel film è stato davvero commovente.
その映画は実に感動的でした。

“Sai che verrà anche Michela?” “Davvero?”
「ミケーラも来るって知ってる？」「本当に？」

i

□ **insomma** 要するに，結局 / (不満げな様子)まあまあ，まあね

Insomma, avete deciso cosa regalare alla mamma per il suo compleanno?
結局，あなたたちはお母さんの誕生日プレゼントを何にするか決めたの？

“Come va?” “Mah, insomma.”
「調子はどう？」「ううん，あんまり」

□ **intanto** その間に，そうこうするうちに

Io prendevo un caffè al bar e intanto lei faceva la spesa.
私はバールでコーヒーを飲んでいて，その間に彼女は買い物をしていました。

□ **intorno** 周囲に，辺りに，(～の)まわりに(a ...)

Il mio cane è un setter con due macchie nere intorno agli occhi.
私の犬はセッターで，両目のまわりに２つの黒いぶちがあります。

l

□ **laggiù** あの下のほうに 関連 **lassù** あの上のほうに

Dovrebbe rivolgersi all’addetto laggiù.
向こうにいる係員にたずねてみたらどうですか。

m

□ **magari** もしかしたら，おそらく，ことによると

Facciamo così, se non ci sono novità, magari ti richiamo io fra un paio di giorni.
ではこうしましょう，変わったことがなければ，たぶん２，３日後に，私から（電話を）かけなおしましょう。

□ **mica** （否定の表現で）少しも～でない，まったく～でない

Vengo con voi, non sono mica malato.
僕は君たちと一緒に行くよ，病気でもなんでもないのだから。

"Parli benissimo l'italiano!" "Mica tanto."
「イタリア語がすごく上手だね！」「そうでもないよ」

n

□ **nemmeno** ～さえもない，～すらない
関連 **neanche** / **neppure** ～さえもない

La mano mi fa così male che non riesco nemmeno a tenere la forchetta.
私は手が痛くて，フォークを持つことさえできません。

o

□ **ormai** もはや，今となってはもう，やっと

Capisco i tuoi dubbi, ma ormai la decisione è stata presa.
君の疑問はわかるけど，もう決定はされてしまったよ。

p

□ **parecchio** かなり，相当

Mi sono dato parecchio da fare per realizzare quel progetto.
私はその計画を実現するのにかなり骨を折りました。

□ **perfino** ～でさえも，～ですら / (比較級)まだそれ以上に

Lo sa fare perfino un bambino.
子供でさえそんなことはできます。

Nicola sembra perfino più energico del solito.
ニコーラはいつもより一段と精力的に見えます。

□ **piuttosto** むしろ，どちらかと言うと，～よりも

Io penso piuttosto che sarebbe meglio aspettare.
僕はどちらかと言うと待ったほうがいいと思うよ。

Preferisco rimanere a casa piuttosto che uscire con questa pioggia.
この雨のなか出て行くよりは，僕は家にいるほうがいいです。

S

□ **sopra** 上に，上のほうに

Metti pure i bicchieri qui sopra.
グラスはこの上に置いてね。

□ **sotto** 下に，下のほうに

Da qui sotto, si riesce ad apprezzare meglio la bellezza del mosaico della volta.
この下から見ると，(半球状の)天井のモザイクの美しさが一層よくわかります。

◇sopra, sotto のように前置詞でもあり，副詞としても用いられるものがあります。ほかに dentro「中に」，fuori「外に」，davanti「前に」，avanti「先へ」，dietro「後ろに」，indietro「後ろのほうに戻って」，oltre「もっと先へ」などを覚えておきましょう。

語尾 -mente の付く副詞 ………………… 059

□ **certamente** 確かに，かならず，もちろん

Anche se vieni a piedi, arrivi certamente in tempo.
歩いてきても，君はかならず時間に間に合うよ。

“Hai capito cosa intendo?” “Certamente.”
「何を言いたいかわかった？」「もちろんです」

□ **completamente** 完全に，まったく

Grazie a quella cura, il mal di schiena è completamente sparito.
あの治療のおかげで，腰の痛みは完全に消えました。

□ **effettivamente** 実際に，現実に，事実

Basta pagare solo per l’elettricità effettivamente consumata.
実際に使った電気にたいして料金を支払うだけでよいです。

□ **eventualmente** もし必要なら，ひょっとして，もしかして

Se eventualmente cambiassi idea, telefona a questo numero.
ひょっとして考えが変わったら，この番号に電話してくれ。

□ **finalmente** ようやく，ついに

Finalmente quest’anno riuscirò a fare un viaggio in Giappone.
ついに今年こそ，日本を旅行できるだろう。

□ **generalmente** 一般的に，ふつう，おおむね

Generalmente esco di casa alle otto.
たいてい私は８時に家を出ます。

Temperatura generalmente in calo al Nord.
北部では気温はおおむね下がるでしょう。

☐ **gravemente** 重く，重大に，深刻に

In quell'incidente due persone sono rimaste gravemente ferite.
その事故で２人が重傷を負いました。

☐ **immediatamente** 即座に，直接に

Il direttore mi ha chiesto di andare immediatamente dal signor Bini per una questione urgente.
部長は私に，差し迫った懸案があるのでただちにビーニさんのところへ行くよう求めました。

☐ **improvvisamente** 突然，急に，思いがけず

Quel motorino ha girato improvvisamente a sinistra, rischiando di provocare un incidente.
あのミニバイクが急に左折したので，危うく事故になるところでした。

☐ **leggermente** 軽く，少し，かすかに

In quel grande incendio, se la sono cavata restando leggermente feriti.
大きな火事がありましたが，人々は軽いけがを負っただけでした。

☐ **momentaneamente** あっという間に，目下，暫定的に

A causa del terremoto, hanno dovuto lasciare momentaneamente la casa.
地震のために，人々は一時家を離れなければなりませんでした。

☐ **nettamente** はっきりと，明快に

Abbiamo rifiutato nettamente la sua offerta.
私たちは彼の申し出をきっぱりと断りました。

☐ **praticamente** 実際には，事実上，要するに

Ciro è assente dalla fabbrica da più di una settimana.

Praticamente è già licenziato.
チーロは1週間以上も工場を休んでいます。事実上，彼はもう首です。

☐ **precisamente** 正確に，具体的に，まさしく

Mi può spiegare più precisamente che cosa intende?
どうするつもりなのか，もっと具体的に説明していただけますか？

☐ **pure** ～もまた，やはり／(命令法)どうぞ

Dovreste rimanere qui pure voi finché non torno.
君たちも私が戻るまでここにいてくれてよいのだが。

Andate pure avanti, vi raggiungo dopo.
君たちどうぞ先に行ってくれ，あとで追いつくから。

☐ **saltuariamente** (時間的に)不規則に，たまに

Il signor Pozzi viene saltuariamente in questo locale.
ポッツィさんはたまにこの店に来ます。

☐ **sicuramente** 確かに，かならず，もちろん，無事に

Anche se c'è molto traffico, ce la facciamo sicuramente ad arrivare entro le sei.
たとえ渋滞しても，私たちは6時までにはかならず着くでしょう。

☐ **terribilmente** すごく，ひどく

Quando mi sono alzata stamattina, mi faceva terribilmente male il collo.
今朝起きると，首がひどく痛かったのです。

☐ **tranquillamente** 静かに，楽に，落ち着いて

Lucio e Franco avevano litigato, ma poi sono riusciti a spiegarsi parlando tranquillamente del problema.
ルーチョとフランコは口論したのですが，あとでその問題について落

ち着いて話したら，互いに納得できました。

□ **ultimamente** 最近，近頃 関連 **recentemente** 最近

Massimo ultimamente mi sembra un po' stressato: so che al lavoro sta passando un periodo piuttosto impegnativo.

マッシモは近頃少しストレスがたまっているようです。というのは，彼が仕事で特に忙しい時期を送っているのを私は知っているのです。

接続詞

060

a

□ **anzi** それどころか，むしろ

Non è malato, anzi, è pieno di energia.
彼は病気であるどころか，元気いっぱいです。

e

□ **eppure** しかし，それでもなお

Sembra impossibile, eppure è vero.
ありえないように思われますが，本当なのです。

f

□ **finché / finché non** ～するまで，～する限りは

Sono rimasto con lei finché il dottore (non) l'ha visitata.
先生が診察してくれるまで，僕は彼女と一緒にいました。

n

□ **nonostante** ～なのに(＋名詞)，～であるにもかかわらず(＋接続法)

È uscito nonostante la pioggia.
雨だというのに，彼は出て行きました。

Nonostante abbia più di ottant'anni, mio nonno lavora ancora nei campi.
80 歳を過ぎているにもかかわらず，祖父は今でも畑仕事をしています。

o

☐ **oppure** あるいは, または, それとも

Possiamo passare dal centro città, oppure prendere la tangenziale.
私たちは中心街から町を抜けることもできるし, あるいは環状道路を使うこともできます。

☐ **ovvero** 言いかえれば, すなわち

Il paese in cui vivo, ovvero l'Italia, è ricco di storia e di arte.
私が暮らす国, すなわちイタリアは歴史と芸術が豊かです。

p

☐ **perciò** そのため, だから

Hanno studiato molto, perciò hanno superato l'esame.
彼らはたくさん勉強したので, 試験に合格しました。

☐ **pertanto** だから, それゆえ

Abbiamo necessità di questo pezzo di ricambio, pertanto vorremmo riceverlo il prima possibile.
これの交換部品が必要なので, それを早急にもらえればと思うのですが。

☐ **pure** けれども, それにもかかわらず / (ジェルンディオとともに) ～なのに, ～にもかかわらず

Pur essendo ammalato lavora ogni giorno.
病気なのに, 彼は毎日働いています。

s

☐ **sebbene** ～にもかかわらず(＋接続法)

Sebbene avesse la febbre è andato a lavorare.
熱があるにもかかわらず，彼は仕事に行きました。

□ **siccome** ～なので，～だから

Siccome ero impegnato, mi sono dimenticato di chiamarti.
忙しかったので，君に電話をするのを忘れてしまったよ。

t

□ **tanto** いずれにしても，どのみち

È inutile, tanto non lo convinci.
むだだよ，どうせ彼を説得できないよ。

□ **tuttavia** しかしながら，それでも，やはり

Il cellulare è comodo, tuttavia talvolta può disturbare le persone vicine.
携帯電話は便利ですが，時には周囲に迷惑をかけることもあります。

ジャンル別

●動物・生き物 ・・・・・・・・・・・・・・・・・・・・・・・・・・・ 061

□ **ape** 女 ミツバチ 関連 **vespa** スズメバチ

□ **bovini** 複 牛 関連 **bue** / **manzo** 食肉用の去勢した牛
toro 去勢しない雄牛
vacca 雌牛
vacca da latte / **mucca** 乳牛
vitello / **vitella** 子牛

□ **bufalo** 男 / **bufala** 女 水牛

□ **cammello** ラクダ

□ **cane** 男 / **cagna** 女 犬 関連 **cagnolino** / **cucciolo** 小犬

□ **cavallo** 馬

□ **cervo** 鹿

□ **coccodrillo** ワニ 関連 **alligatore** 男 (北米産)ワニ
caimano(中南米産)ワニ

□ **coniglio** ウサギ 関連 **lepre** 女 野ウサギ

□ **elefante** 男 ゾウ

□ **farfalla** 蝶

□ **gatto** [男] / **gatta** [女] 猫

□ **giraffa** キリン

□ **leone** [男] ライオン

□ **libellula** トンボ

□ **lucertola** トカゲ

□ **lupo** 狼

□ **maiale** [男] 豚, 豚肉 [関連] **porco** / **suino** 豚

□ **mammiferi** [男] [複] 哺乳類

□ **mosca** ハエ

□ **orso** 熊

□ **pecora** 羊 [関連] **agnello** 子羊
abbacchio (乳で飼育された)子羊の肉

□ **ragno** クモ

□ **rana** 蛙

□ **rettili** 複 爬虫類

□ **scimmia** サル

□ **serpente** 男 蛇

□ **tartaruga** カメ

□ **tigre** 女 トラ

□ **topo** ネズミ

□ **volpe** 女 キツネ

□ **zanzara** 蚊

〈犬の種類〉 062

□ **barbone** 男 プードル

□ **bassotto** ダックスフント

□ **cane lupo / pastore tedesco** シェパード

□ **dalmata** 男 ダルメシアン

□ **levriere** 男 / **levriero** グレーハウンド

□ **maltese** マルチーズ

□ **mastino** マスティフ犬

□ **sanbernardo** セントバーナード

□ **volpino** ポメラニアン

〈魚の種類〉 063

□ **anguilla** ウナギ

□ **calamaro** イカ 関連 **seppia** コウイカ

□ **costardella** サンマ

□ **gambero** エビ 関連 **gamberetto** 小エビ
aragosta イセエビ

□ **granchio** カニ

□ **orata** タイ, クロダイ 関連 **pagro** マダイ

□ **pesce rosso** 金魚

□ **polpo** タコ 関連 **piovra** タコ

□ **salmone** 男 サケ

□ **sardina / sarda** イワシ 関連 **alice** 女 / **acciuga** カタクチイワシ

□ **sgombro** サバ 関連 **maccarello** サバ

□ **sogliola**　舌平目　関連 **rombo** ヒラメ

□ **spigola**　スズキ

□ **tonno**　マグロ

□ **trota**　マス

〈鳥の種類〉 064

□ **anatra**　アヒル　関連 **anatra selvatica** 鴨

□ **corvo**　カラス

□ **gabbiano**　カモメ

□ **gallo**　雄鶏　関連 **gallina** 雌鶏
pollo 鶏, 鶏肉

□ **passero**　スズメ

□ **pavone**　男 クジャク

□ **piccione**　男 ハト　関連 **colombo** ハト

□ **rondine**　女 ツバメ

□ **struzzo**　ダチョウ

●植物

〈主な草・木・花〉 065

□	**castagno**	栗の木 関連 **castagna** 栗の実
□	**ciliegio**	桜の木 関連 **ciliegia** サクランボ
□	**cipresso**	糸杉
□	**geranio**	ゼラニウム
□	**gerbera**	ガーベラ
□	**giglio**	ユリ
□	**girasole**	男 ヒマワリ
□	**pino**	松 関連 **pinolo** 松の実
□	**pioppo**	ポプラ
□	**platano**	プラタナス
□	**rosa**	バラ
□	**tulipano**	チューリップ

〈植物の部位〉 066

- □ **bocciolo**　つぼみ
- □ **calice**　男 萼（がく）
- □ **ceppo**　（切り）株
- □ **foglia**　葉
- □ **petalo**　花びら，花弁
- □ **radice**　女 根
- □ **ramo**　枝
- □ **spina**　とげ
- □ **stelo**　茎
- □ **tronco**　幹

〈香草・ハーブなどの種類〉 067

- □ **basilico**　バジル
- □ **camomilla**　カモミール
- □ **cannella**　シナモン

□ **finocchio** フェンネル

□ **gelsomino** ジャスミン

□ **lavanda** ラベンダー

□ **menta** ミント , ハッカ

□ **origano** オレガノ

□ **prezzemolo** パセリ

□ **rosmarino** ローズマリー

□ **salvia** セージ

□ **timo** タイム

□ **zafferano** サフラン

□ **zenzero** ショウガ

●健康・医療

〈専門医〉 068

□ **chirurgo** 外科医

□ **dermatologo** 皮膚科医

□ **ginecologo** 婦人科医

□ **internista** 内科医

□ **oculista** 眼科医

□ **ostetrico** 産科医

□ **otorinolaringoiatra** 耳鼻咽喉科医

□ **psichiatra** 精神科医

□ **veterinario** 獣医

〈病名・症状など〉 069

□ **antibiotico** 抗生物質

□ **bruciatura** やけど 関連 **scottatura** 軽いやけど

□ **crosta** かさぶた

□ **dente cariato** 虫歯

□ **diarrea** 下痢

□ **febbre** 女 熱

□ **frattura** 骨折

□ **gonfiore** 男 水ぶくれ

□ **graffio** すり傷

□ **infiammazione** 女 炎症

□ **influenza** インフルエンザ
関連 **influenza suina** 豚インフルエンザ
influenza aviaria 鳥インフルエンザ
nuova influenza A 新型インフルエンザA型

□ **iniezione** 女 注射 関連 **vaccinazione** 予防接種

□ **nausea** 吐き気

□ **raffreddore** 男 風邪

□ **taglio** 切り傷

□ **tosse** 女 咳

□ **vaccino** ワクチン

□ **vertigine** 女 めまい

□ **virus** 男 ウイルス

●スポーツ

〈種目〉 070

☐ **atletica leggera** 陸上競技 関連 **maratona** マラソン
staffetta リレー

☐ **automobilismo** モータースポーツ 関連 **Formula 1** F1

☐ **calcio** サッカー

☐ **ciclismo** 自転車競技

☐ **danza aerobica** エアロビクス・ダンス

☐ **ginnastica** 体操

☐ **lotta** レスリング 関連 **lotta libera** フリースタイル

☐ **nuoto** 水泳

☐ **pallacanestro** バスケットボール

☐ **pallamano** ハンドボール

☐ **pallanuoto** 水球

☐ **pallavolo** バレーボール

☐ **pattinaggio** スケート

☐ **pugilato**　ボクシング　関連 **boxe** 女 [無変化]ボクシング

☐ **regata**　漕艇，レガッタ
関連 **canottaggio** (カヌー等)ボート漕ぎ

☐ **scherma**　フェンシング

☐ **sci**　男 スキー

〈大会・試合などの名称〉 071

☐ **allenamento**　練習，トレーニング

☐ **campionato**　選手権，リーグ戦

☐ **gara**　(水泳・陸上など)試合，レース

☐ **incontro**　(主に格闘技)試合，対戦

☐ **partita**　(主に球技)試合，ゲーム

☐ **serie**　女 [無変化] リーグ

☐ **torneo**　トーナメント

◇球技や団体競技の場合は giocare + a +〈種目名〉 と表し，その他の場合には fare (または praticare) +〈種目名〉とします。

I ragazzi stanno giocando a pallavolo sulla spiaggia.
男の子たちはビーチでバレーボールをしています。

Da giovane mio padre faceva scherma.
父は若い頃，フェンシングをしていました。

ジャンル別

●ファッション 072

□ **abito da sposa** ウエディングドレス

□ **berretto** （ひさし付き，またはつばなしの）帽子

□ **biancheria intima** 下着 関連 **indumenti intimi** 下着，肌着

□ **bordo** すそ，へり

□ **bretelle** 複 サスペンダー

□ **calzettone** 男 厚手の靴下 関連 **calze** 複 ストッキング
calzini 複 ソックス

□ **camicetta** ブラウス

□ **cappello** （つば付きの）帽子

□ **chiusura lampo** ファスナー 関連 **zip** ジッパー，ファスナー

□ **cintura** ベルト

□ **colletto** 襟

□ **copricapo** かぶり物，帽子類

□ **corpetto** （婦人服の）ボディス

□ **costume** 男 コスチューム, 衣装 関連 **costume da bagno** 男 水着

□ **fascia** 帯, バンド, サッシュ

□ **fiocco** 飾り結び, 蝶結び

□ **giacca** ジャケット, 上着 関連 **giacca a vento** ウィンドブレーカー

□ **giubbotto** ジャンパー

□ **impermeabile** 男 レインコート

□ **maglietta** Tシャツ

□ **manica** 袖

□ **mutande** 女 複 (下着の)パンツ

□ **pantaloncini** 男 複 ショートパンツ

□ **pelliccia** 毛皮

□ **top** 男 タンクトップ

□ **tuta** つなぎ, 作業着, ジャージ

●音楽・楽器

〈楽器〉 073

□ **batteria** ドラム

□ **chitarra** ギター 関連 **chitarra elettrica** エレキギター
basso ベースギター

□ **flauto** フルート

□ **organo** オルガン

□ **piano / pianoforte** 男 ピアノ

□ **sassofono** サックス

□ **tamburo** 太鼓 関連 **percussioni** 女 複 パーカッション

□ **tromba** トランペット 関連 **trombone** 男 トロンボーン

□ **viola** ヴィオラ

□ **violino** ヴァイオリン

□ **violoncello** チェロ

〈演奏会など〉 074

□ **concerto** 演奏会, コンサート

☐ **direttore** 男 / **direttrice** 女　指揮者
関連 **direttore d'orchestra** （オーケストラの）指揮者

☐ **duo**　二重奏, デュオ

☐ **musica classica**　クラシック音楽　関連 **musica rock** ロック
musica pop ポップス
musica jazz ジャズ

☐ **orchestra**　オーケストラ　関連 **orchestra sinfonica**
交響楽団

☐ **quartetto**　四重奏, クァルテット　関連 **quartetto d'archi**
弦楽四重奏

☐ **trio**　三重奏, トリオ

ジャンル別

●学校・教育

〈学校の名称〉 ・・・・・・・・・・・・・・・・・・・・・・・・・・・・・ 075

☐ **scuola elementare**　小学校

☐ **scuola media**　中学校

☐ **liceo / scuola media superiore**　高校
関連 **liceo classico** 文系高校
liceo scientifico 理系高校
liceo artistico 芸術系高校

□ **università** 大学 関連 **laurea** 学士号（大学卒業資格）
laurea triennale（3年卒業資格）
specialistica 修士課程
dottorato di ricerca 博士課程

◇イタリアの教育制度は，小学校5年制，中学校3年制，高校5年制。高校は，技能別専門高校（istituto tecnico）と普通高校（liceo）に分かれ，普通高校では理系か文系かを選択します。大学は2005年から大きく制度が変わり，一般的に学部は最短3年で卒業できるようになりました。その後修士課程2年が続き，この5年間で旧制度の学部卒業（4年）と同等と見なされます。さらに、その後に博士課程3年が続きます。

〈大学の主な学部〉 076

□ **Architettura** 建築学部

□ **Economia e Commercio** 経済・商学部

□ **Farmacia** 薬学部

□ **Giurisprudenza** 法学部

□ **Ingegneria** 工学部

□ **Lettere e Filosofia** 文哲学部

□ **Medicina** 医学部

□ **Scienze Naturali** 理学部

□ **Scienze Politiche** 政治学部

◇正式には，Facoltà di Medicina「医学部」のように言います。

〈主な科目の名称〉 077

- biologia 生物
- chimica 化学
- fisica 物理
- geografia 地理
- letteratura 文学
- matematica 数学
- musica 音楽
- storia 歴史

●コンピュータ・通信

〈パソコン・機器〉 078

- **allegato** 添付
- **cavo** ケーブル 関連 **cavo LAN** LANケーブル **televisione via cavo** ケーブルテレビ
- **dato** データ 関連 **archivio di dati** データファイル

□ **elaborazione** [女] 処理 [関連] **elaborazione delle immagini** 画像処理

□ **indirizzo** アドレス [関連] **indirizzo e-mail** メールアドレス

□ **linea** 回線 [関連] **linea digitale / digitale** デジタル回線

□ **memoria** メモリー，記憶装置

□ **mouse** [男] マウス

cliccare con il pulsante sinistro del mouse
マウスの左ボタンでクリックする

□ **rete** [女] ネットワーク，通信網

Ho fatto una ricerca in rete.
ネットで検索した。

□ **ricerca** 検索 [関連] **motore di ricerca** 検索エンジン

□ **salvataggio** 保存

□ **schermo** モニター，スクリーン

□ **sito** ウェブサイト
[関連] **sito Internet** インターネットのホームページ
sito ufficiale 公式サイト

□ **tastiera** キーボード

□ **tasto** (キーボードの)キー

□ **wi-fi**　Wi-Fi（ワイファイ）

〈操作〉 079

□ **accedere**　アクセスする

accedere al sito dell'hotel
ホテルのホームページにアクセスする

□ **cliccare**　クリックする

□ **controllo della sicurezza**　セキュリティーチェック

□ **copiare**　コピーする

□ **disinstallare**　アンインストールする

□ **esecuzione**　囡 実行

□ **incollare**　ペーストする

□ **inserire**　入力する

□ **installare**　インストールする

□ **navigare**　情報検索する

navigare su Internet / navigare in Internet
ネットサーフィンする

□ **ricercare**　検索する

□ **salvare** 保存する

□ **scaricare** ダウンロードする

□ **stampare** プリントアウトする，印刷する

●建物

〈家屋の名称〉 080

□ **balcone** 男 バルコニー

□ **camino** 暖炉，煙突

□ **campanello** 呼び鈴，ベル

□ **corridoio** 廊下

□ **garage** 男 車庫，ガレージ

□ **guardaroba** 男 クローゼット，衣装部屋

□ **hall** 女（ホテルの）ロビー

□ **imposta** 板戸，雨戸

□ **ingresso** 入口，玄関

□ **persiana** （日よけの）よろい戸，ブラインド

☐ **pluviale** 男 雨どい

☐ **recinzione** 女 塀

☐ **ringhiera** （バルコニーなどの）欄干
関連 **parapetto** （橋，道路などの）欄干，ガードレール

☐ **soffitta / mansarda** 屋根裏部屋

☐ **soffitto** 天井

☐ **soglia** 敷居

☐ **tenda** （商店などの窓を覆う）日よけ，テント

☐ **terrazzo** テラス

☐ **tetto** 屋根

☐ **trave** 女 梁（はり）

☐ **veranda** ベランダ

☐ **vestibolo** （公共の建物や邸宅の）玄関ホール，ロビー

●形態・模様

〈形・印象を表す形容詞〉 081

☐ **brillante** 輝く，まばゆい

□ **chiaro** 明るい

□ **elegante** 優雅な，エレガントな

□ **largo** 幅広い，ゆるい

□ **lineare** 線の，直線的な

□ **losangato** 菱形の

□ **moderno** 現代的な，モダンな

□ **morbido** 柔らかい，滑らかな，ソフトな

□ **ovale** 楕円形の，卵形の

□ **quadrato** 四角い

□ **romantico** ロマンティックな

□ **rotondo / tondo** 丸い

□ **scuro** 暗い，黒っぽい，くすんだ

□ **semplice** シンプルな，飾り気のない

□ **simpatico** 感じのよい

□ **sottile** 細い，薄い

☐ **stretto** きつい，窮屈な

☐ **triangolare** 三角形の

☐ **vistoso** 派手な，けばけばしい

〈模様〉 082

☐ **a fiori** 花柄の

☐ **a forma di ...** ～の形の

a forma di cuore
ハート形の

☐ **a pois** 水玉の，ドット模様の

☐ **a quadretti** チェックの

☐ **a righe** ストライプの

☐ **in tinta unita** 無地の

その他

変意名詞をつくる接尾辞 083

名詞の語尾に変化を付けることで，元の意味に何らかのニュアンスを加えることができます。それによって形と意味を変えた名詞を「変意名詞」といいます。

増大・拡大を表す -one：「大きな～」「(程度が) 強い～」などのニュアンスを与えます。

borsa かばん ➡ **borsone** 男 大きなかばん

giacca ジャケット ➡ **giaccone** 男 厚手のジャケット

naso 鼻 ➡ **nasone** 男 大きな鼻

scatola 箱 ➡ **scatolone** 男 ダンボール箱

愛情を表す -uccio / -uccia：「かわいらしい～」というニュアンスを与えます。

cavallo 馬 ➡ **cavalluccio** 愛らしい子馬

casa 家 ➡ **casuccia** こぢんまりとした家
(次の -accio / -accia と比較)

軽蔑を表す -accio / -accia：「ひどい～」「みすぼらしい～」などのニュアンスを与えます。

tempo 天気 ➡ **tempaccio** 悪天候

casa 家 ➡ **casaccia** おんぼろの家

parola 言葉 ➡ **parolaccia** きたない言葉

縮小を表す -ino / -ina：「小さな～」「かわいらしい～」というニュアンスを与えます。

◇ 縮小の接尾辞は、同時に「かわいい」といった愛情のニュアンスを含むこともあります。

ragazzo 男の子 ➡ **ragazzino** 小さな男の子

collana 首飾り ➡ **collanina** （細身の）ネックレス

縮小を表す -lino / -lina

cane 男 犬 ➡ **cagnolino** 小犬

fiore 男 花 ➡ **fiorellino** 小さな（かわいい）花

縮小を表す -cino / -cina

bastone 男 棒 ➡ **bastoncino** 細い棒，（複数形）**bastoncini** 箸

camion トラック ➡ **camioncino** 小型トラック

corona 王冠 ➡ **coroncina** 小さな冠

縮小を表す -ello / -ella

tamburo 太鼓 ➡ **tamburello** タンブリン

ruota 車輪 ➡ **rotella** 小車輪，ローラー

縮小・愛情を表す -etto / -etta

angelo 天使 ➡ **angioletto** 小さな天使

libro 本 ➡ **libretto** 小冊子, (オペラの) 台本

maschio 男 ➡ **maschietto** 男の子

borsa かばん ➡ **borsetta** ハンドバッグ

cucciola (雌の) 小犬 ➡ **cuccioletta** かわいい小犬

◇ 縮小の接尾辞は, 1つの名詞に対していくつかの使用が可能な場合があります。たとえば, ragazzo「男の子」には ragazzino, ragazzetto, cane「犬」には canino, cagnolino, cagnetto など, 複数可能です。しかし, 用法を1つしか持たないものもあります。たとえば camino「暖炉」には caminetto の形しかない, など。このように、接尾辞は名詞によって許容範囲が異なりますので、辞書で確認しておくとよいでしょう。

熟語・成句表現

a 084

□ **a bella posta** わざと、ことさら

□ **a bordo** 船内に、機内に、車内に

□ **a buon mercato** 安く、廉価で

□ **a caso** たまたま、行き当たりばったりに

□ **a catinelle** 大量に

□ **a causa di ...** ～のせいで

□ **a confronto di ...** ～と比べて

□ **a denti stretti** 嫌々ながら、むっとして

□ **a dir poco** 少なくても、最低でも

□ **a dovere** ちゃんと、しかるべく

□ **a favore di ...** ～のために、～の有利になるように

□ **a forma di ...** ～の形をした

□ **a lungo** 長い間、長々と、ゆっくり

□	**a memoria**	そらで
□	**a metà**	半分に
□	**a metà strada**	途中で
□	**a modo di ...**	～として、～流に
□	**a occhio e croce**	おおよそ、だいたい
□	**a parte**	～は別として、～を除き
□	**a piedi**	徒歩で
□	**a più non posso**	力の限り、猛然と
□	**a poco a poco**	少しずつ、次第に
□	**a proposito**	ところで、そう言えば / ちょうどいい時に
□	**a quattr'occhi**	二人だけで、内緒で
□	**a rate**	分割払いで
□	**a ricordo di ...**	～の記念として
□	**a rovescio**	裏返しに、あべこべに
□	**a seconda di ...**	～に応じて、～に合うように
□	**a spizzico**	少しずつ、一度に少量ずつ

□ **a tempo perso** 暇なときに、余暇に

□ **a testa** 一人当たり、各々

□ **a turno** 交替で、順番に

□ **a vicenda** 交替に、代わりばんこに

□ **a volte** 時々

□ **ad un tratto** 突然に

□ **adagio adagio** 徐々に、とてもゆっくりと

□ **agli inizi** はじめに、最初は

□ **ai piedi** 足元に、末尾に

□ **ai tempi di ...** ～の頃

□ **al momento di + *inf.*** ～する時に（*inf. (infinito)＝不定詞）

□ **alla fine** 最後に、結局

□ **alla rovescia** 裏返しに、逆に

□ **all'occasione** 必要な場合には

□ **alle spalle** 背後に

□ **andare di bene in meglio** ますます良くなる

☐ **andare di male in peggio** ますます悪くなる

☐ **andare di moda** はやっている

☐ **andare pazzo per ...** ～を好きでたまらなくなる

☐ **arrivare a + *inf.*** ～に成功する

☐ **avere difficoltà** 困っている

☐ **avere occhio** 見る目がある、目利きである

b 085

☐ **bel bello** ゆっくりと

☐ **ben bene** とてもよく

☐ **ben tosto** 早速、ただちに

☐ **brancolare nel buio** 暗中模索する

☐ **bruciare le tappe** (仕事など)大急ぎで片づける，一気にはかどる

☐ **buona forchetta** 健啖家、大食漢

c 086

☐ **cadere dalla memoria** 忘れる

□ **cavallo di battaglia**　おはこ、得意な見せ場

□ **C'è poco da fare.**　どうしようもない

□ **Ci vuole poco a + *inf.***　～するのはたやすい

□ **con agilità**　敏捷に

□ **con fatica**　苦労して

□ **con rapidità**　急速に

d　087

□ **da sempre**　前々から

□ **da un pezzo**　だいぶ前から

□ **da vicino**　そばから、間近に

□ **d'altronde**　だがしかし, とは言え

□ **d'improvviso**　突然に、だしぬけに

□ **d'ora [d'allora] in poi**　今後［それ以後］

□ **del resto**　だがしかし、それでもやはり

□ **di buona lena**　一生懸命に

□ **di buzzo buono**　精一杯

□ **di continuo** 続けて

□ **di corsa** 走って

□ **di gran corsa** 大急ぎで

□ **di nascosto** 隠れて、こっそりと

□ **di prima mano** おろしたての、新品の

□ **di prima scelta** よりすぐりの、選り抜きの

□ **di questi tempi** この頃は

□ **di recente** 最近

□ **di seconda mano** 中古の

□ **di soppiatto** こっそりと、人目を盗んで

□ **di tanto in tanto** 時々

e ……………… 088

□ **e così via** などなど

□ **essere all'altezza di ...** ～がわかる、能力がある、～と比肩しうる

□ **essere fuori di moda** すたれている

□ **essere in una botte di ferro** 手厚く保護されている、何の危険もない

□ **essere l'ora di + *inf.*** ～するころあいだ

□ **essere pronto a + *inf.*** いつでも～できる

□ **essere solito + *inf.*** ～するのが常である、慣れている

f

089

□ **fare a meno di ...** ～なしですます、～しないままでいる

□ **fare bene a + *qlcu.*** （物が主語で）（人の）ためになる
（*qlcu. (qualcuno) = 誰か）

□ **fare di tutto** できる限りのことをする

□ **fare la spesa** （日常の）買い物をする

□ **fare spese** （ぶらぶらと）ショッピングする

□ **fare paura a + *qlcu.*** （人を）こわがらせる、どきっとさせる

□ **fare un salto a ...** ～にちょっと立ち寄る

□ **fare una passeggiata** 散歩する

□ **fin d'allora** その時から

g 090

□ **gettare acqua sul fuoco**　(騒ぎを)鎮める

□ **gettare il guanto**　挑戦する

□ **gettare la spugna**　敗北を認める

□ **girare al largo**　近寄らない、用心深く進む

□ **girare i pollici**　手をこまねく

□ **girare le scatole**　いらいらする, うんざりする

i 091

□ **in atto**　開催中で、進行中で

□ **in atto di + *inf.***　~している最中に

□ **in certo modo**　ある点では、多少、ほとんど

□ **in conclusione**　最後に、要するに

□ **in confronto a ...**　~と比べて

□ **in diretta**　生中継で

□ **in fretta e furia**　大あわてで

□ **in generale**　一般に

- [ ] **in mezzo** 真ん中を
- [ ] **in modo da + *inf.*** ～するように
- [ ] **in ogni modo** なんとしてでも
- [ ] **in particolare** 特に、著しく、詳細に
- [ ] **in passato** 以前、過去に、昔は
- [ ] **in pieno** 完全に
- [ ] **in pratica** 実際は、要するに
- [ ] **in realtà** 本当は、実際は
- [ ] **invece di ...** ～の代わりに

l 092

- [ ] **lavorare sodo** 懸命に働く
- [ ] **lo stesso** いずれにしろ、やはり

m 093

- [ ] **man mano** だんだんに
- [ ] **mangiare la foglia** 人の真意を見抜く
- [ ] **Meglio che nulla.** 何もないよりはましだ

n 094

- [ ] **nei confronti di *qlcu.*** (人に)ついて

- [ ] **nel frattempo** その間に、そうこうするうちに

- [ ] **non fare che + *inf.*** ～しかしない、～ばかりする

- [ ] **non vedere l'ora di + *inf.*** ～したくてたまらない

o 095

- [ ] **oltre misura** 過度に

- [ ] **oltre ogni segno** 特別に

- [ ] **or ora** たった今

- [ ] **ora come ora** 今現在

- [ ] **ora di punta** ラッシュ・アワー

p 096

- [ ] **per caso** 偶然に

- [ ] **per di più** おまけに、その上

- [ ] **per eccellenza** この上なく、最高に

- [ ] **per l'appunto** まさしく、そのとおり

☐ **per niente**　ただ同然で、つまらないことで

☐ **per ora**　今のところ

☐ **per sempre**　いつまでも

☐ **pian piano**　ゆっくり、静かに静かに

☐ **pieno di ...**　～でいっぱいの

☐ **piuttosto che ...**　～よりもむしろ

☐ **presso a poco**　ほとんど、だいたい

☐ **presto o tardi**　遅かれ早かれ

☐ **prima di tutto**　何よりもまず

☐ **prima o poi**　遅かれ早かれ

☐ **provare a + *inf.***　～しようと試みる

☐ **provenire da ...**　～より来る

☐ **punto di vista**　観点、物の考え方

r

097

☐ **rispondere picche**　きっぱりと断る

☐ **rompere il ghiaccio**　打ち解ける、（解決の）糸口をつかむ

s 098

- ☐ **scaldare i banchi** （学生が）出席しているだけで何もしない
- ☐ **seguire i passi di *qlcu.*** （人の）例にならう、手本とする
- ☐ **su due piedi** 即座に、ただちに

t 099

- ☐ **tale e quale** 全く同じ、そっくりの
- ☐ **Tanto è lo stesso.** お手上げだ
- ☐ **tenere d'occhio *qlcu.*** （人に）目を光らせる
- ☐ **tirare in ballo *ql.co.*** （何かを）引き合いに出す
  （*ql.co. (qualcosa) 何か）
- ☐ **tutto d'un fiato** 息つく間もなく、中断せずに
- ☐ **tutto in una volta** 一度に全部

u 100

- ☐ **una buona metà** 半分以上
- ☐ **uscire di memoria** 忘れる

v 101

- ☐ **vedere di + *inf.*** ～してみる

- [ ] **venire in mente** 心に浮かぶ

- [ ] **volere bene a *qlcu.*** (人のことが)好きだ

- [ ] **volere dire** 意味する

Z

102

- [ ] **zitto zitto** おし黙って

INDICE

A

D

E

F

O

P

S

T

W

Z

■ 著者紹介

一ノ瀬俊和（いちのせ　としかず）

東京外国語大学にてイタリア語学専攻。1977 年より同大大学院，外国語学研究科にてロマンス系言語およびイタリア史専攻。1978 年より 80 年まで，イタリア政府給費留学生としてフィレンツェ大学に留学。1983 年東京外国語大学大学院修士課程修了。元・国立音楽大学教授。

主な著書

『イタリア語検定２級突破』（三修社＜監修＞）
『イタリア語検定３級突破』（三修社＜共著＞）
『イタリア語検定４・５級突破』（三修社＜共著＞）
『イタリア語検定４・５級突破単語集』（三修社＜監修＞）
『しっかり学ぶイタリア語』（ベレ出版）

京藤好男（きょうとう　よしお）

東京外国語大学イタリア語学科卒業。1995 年に文部省国際交流制度派遣留学生として，ヴェネツィア大学に留学。東京外国語大学大学院博士前期課程修了。イタリア文学専攻。現在，慶應義塾大学，法政大学，中央大学，武蔵大学，武蔵野音楽大学などで講師を務める。

主な著書

『イタリア語検定４・５級突破単語集』（三修社＜共著＞）
『中級へのイタリア語文法』（三修社＜共著＞）
『場面で学ぶイタリア語発音マスター』（三修社＜共著＞）
『イタリア語動詞活用ドリル』（三修社）
『イタリア語を読む』（三修社＜共著＞）
『イタリア語ボキャビル・トレーニング』（三修社）

アルダ・ナンニーニ（Alda NANNINI）

イタリア，フィレンツェ出身。フィレンツェ大学にてインド・ヨーロッパ比較言語学専攻。1984 年フィレンツェ大学（旧制度：大学院相当）卒業。1988 年来日。現在，国立音楽大学教授（イタリア語およびラテン語担当）。専門は言語学と言語教育。

主な著書

『イタリア語検定4・5級突破単語集』（三修社＜共著＞）
『辞書なしで学べる入門イタリア語の最初歩』（三修社＜共著＞）
『気持ちを伝えるイタリア語』（三修社＜共著＞）
『サッカーファンのためのイタリア語』（白水社＜共著＞）

●音声ダウンロード・ストリーミング

1. PC・スマートフォンで本書の音声ページにアクセスします.
   https://www.sanshusha.co.jp/np/onsei/isbn/9784384060690/
2. シリアルコード「06069」を入力.
3. 音声ダウンロード・ストリーミングをご利用いただけます.

イタリア語《ご》検《けん》定《てい》3級《きゅう》突《とっ》破《ぱ》単《たん》語《ご》集《しゅう》［改《かい》訂《てい》版《ばん》］

2023年10月30日　第1刷発行

監修者　一ノ瀬俊和
著　者　京藤好男　アルダ・ナンニーニ
発行者　前田俊秀
発行所　株式会社　三修社
〒150-0001　東京都渋谷区神宮前2-2-22
TEL　03-3405-4511
FAX 03-3405-4522
振替 00190-9-72758
https://www.sanshusha.co.jp
編集担当　菊池 暁

印刷製本　倉敷印刷株式会社

DTP　トライアングル
装　丁　銀月堂

ISBN978-4-384-06069-0 C1087